DON BOSCO
VERLAG

Heidi Simon · Franz-Josef Hungs · Ursula Singer

Unser Kindergarten ist keine Insel

Situations- und Werteorientierung im Netzwerk Kindergarten

Don Bosco

Die Deutsche Bibliothek – CIP Einheitsaufnahme

Unser Kindergarten ist keine Insel : Situations- und Werteorientierung im Netzwerk Kindergarten / Heidi Simon/Franz-Josef Hungs/Ursula Singer. – 1. Aufl. – München : Don Bosco, 1998
ISBN 3-7698-1042-2

1. Auflage 1988 / ISBN 3-7698-1042-2

Umschlag: Felix Weinold
Fotos: Heidi Simon
Zeichnungen S. 8 u. 10: Elfriede Haslauer
Satz: Fotosatz Miehle, Augsburg
Druck und Weiterverarbeitung: Druckerei Gebr. Bremberger KG, München

Gedruckt auf umweltfreundlichem Papier

Inhalt

Hinführung

Motto: Öffnung und Vernetzung

Auf der Suche nach einer angemessenen pädagogische Konzeption der Arbeit in Kindertagesstätten werden neue Wege beschritten. Das zukunftsweisende Motto lautet: Öffnung des Kindergartens nach innen und nach außen und eine vernetzte Arbeitsweise: Der Kindergarten soll keine Insel sein!
Es geht also darum, die Bedürfnisse von Kindern und Familien lebensnah zu berücksichtigen und dabei natürlich auch das Umfeld mit einzubeziehen. Diese grundlegende Konzeption greift dieses Buch auf.
Die hier vorgestellte Auseinandersetzung mit dem situationsorientierten Ansatz unterscheidet sich von bisherigen Veröffentlichungen zu diesem Thema in zweifacher Weise:

- Die Beiträge gehen von einem *konkreten Kindergarten* aus, in dem der situationsorientierte Ansatz als „Modell aus der Praxis" seit Jahren realisiert wird.
- Die Beiträge gehen über bisherige Erörterungen zum situationsorientierten Ansatz insofern hinaus, als sie die *Frage nach der Werteorientierung* des frühpädagogischen Handelns im Sinne des situationsorientierten Ansatzes stellen.

Aufbau des Buches

Zu Beginn wird kurz der Kindergarten vorgestellt, der die Basis aller Einsichten und Überlegungen bildet (Kapitel I). Einige charakteristische „Situationen" aus diesem Kindergarten dienen der Anschaulichkeit und werden so zu Denkanstößen für eine breit gefächerte fachliche Reflexion (Kapitel II und III).
Die praktischen Erfahrungen aus der vernetzten Arbeitsweise im Sinne des situationsorientierten Ansatzes werden ausführlich dargestellt und zusammen mit den fachwissenschaftlichen Einsichten zu einigen didaktischen Grundzügen zusammengefügt (Kapitel IV).
In einem letzten Schritt kommen verschiedenste „Stimmen aus dem Netzwerk" zu Wort, angefangen von den Kindern selbst über die beteiligten Eltern und Erzieherinnen bis hin zu den Trägern, verschiedenen Institutionen und zu den Vertretern der Öffentlichkeit – so hat auch das Buch

selbst „Netzwerkcharakter“ und zeigt die unterschiedlichen Perspektiven auf, die zusammenspielen.

Alle diese Schritte wurden angeregt und begleitet von Erfahrungen in kirchlicher Trägerschaft. Der Ort dieser „Situationsorientierung“ heißt Ast und ist eine Gemeinde in der Nähe von Landshut. Dass das Signé dieses Kindergartens ein Baum und sein Zeichen das „Astwerk“ ist, veranschaulicht noch einmal, wie vernetzt die hier vorgestellten Überlegungen gerade im Blick auf eine Werteorientierung sind.

Das Autorenteam

Zeichnung:
Elfriede Haslauer

I. „Offenes Astwerk“ – Ein Kindergarten stellt sich vor

1. Der Kindergarten St. Georg in Ast

Heidi Simon

Die Gemeinde Tiefenbach

Der Zusammenschluss der Gemeinden Ast und Tiefenbach im Jahr 1971 fiel – begünstigt durch die Nähe der Stadt Landshut – zusammen mit einer regen Nachfrage nach Bauland. Innerhalb relativ kurzer Zeit verdoppelte sich die Einwohnerzahl; heute zählt Tiefenbach etwa 3000 Einwohner. In dieser Zeit wurden auch alle notwendigen Einrichtungen, die von einer modernen Gemeinde erwartet werden, erstellt. Hierzu gehören vor allem Sportanlagen zur Freizeitgestaltung, aber auch der Bau von Straßen und Wegen und die Gestaltung der Dörfer.
Der Ortsteil Ast besteht seit mehr als elfhundert Jahren. Eine so langwährende Geschichte weckt bei der Bevölkerung ein tiefverwurzeltes Geschichtsbewusstsein. Die Erhaltung der dörfliche Eigenart dieses Ortes ist ohne feste Traditionen nicht denkbar. Nur sie ermöglicht eine kontinuierliche Entwicklung der ursprünglich rein bäuerlichen Siedlungen, wozu die Ansiedlung von Dienstleistungsberufen und die Erweiterung mit modernen Siedlungsbereichen gehören.

Der Kindergarten St. Georg

Der Kindergarten St. Georg liegt auf einer leichten Anhöhe im Ortsteil Ast, in unmittelbarer Nähe der Schule und des Sportzentrums. Neu erschlossene, angrenzende Siedlungsgebiete bestimmen hier das modern wirkende Dorfbild. Der Kindergarten wurde 1970 für zwei Gruppen erbaut. Durch den starken Zuzug von jungen Familien musste die Einrichtung in den letzten Jahren auf drei Gruppen erweitert werden. Eine Neubaumaßnahme mit dem Ausbau einer 4. Gruppe und die gleichzeitige Sanierung des Altbaus wurde 1990 geplant und im Juli 1996 (Baubeginn1993) fertiggestellt.
In der Zeit von 1970 entwickelte sich die Einrichtung zu einem Verbindungspunkt und einer Begegnungsstätte zwischen Tiefenbach und Ast. Die engagierte Elternarbeit bedeutet vor allem in den letzten Jahren eine

große Bereicherung für die gemeinsamen Erziehungsziele von Kindergarten und Elternschaft.
Der Kindergarten St. Georg beteiligte sich am „Projekt Landkindergarten" (durchgeführt vom Caritasverband München und Freising 1990–1992). Durch wertvolle Ideen dieses Projekts entwickelten die Verantwortlichen, Träger, Erzieherinnen und Eltern mit Unterstützung der politischen Gemeinde eine eigene Konzeption der „offenen Arbeit" mit einer Öffnung nach innen und außen.
Um die Bedeutung und den Stellenwert des Kindergartens fest in der Gemeinde zu verankern, haben ehemalige und noch aktive Elternbeiratsmitglieder die Initiative zur Gründung eines Kindergartenvereins ergriffen. Der Verein stellt sich satzungsmäßig die Aufgabe, den Betrieb des Kindergartens zu unterstützen und pädagogisch zu fördern. Mit vielen Mitgliedern aus allen Schichten der Gemeinde bildet der Kindergartenverein nun die Brücke des Kindergartens zu Schule, Gemeinde und Dorfleben. Gemeinsame Projekte und aktive Brauchtumspflege lassen unsere Ziele für alle Beteiligten im Dorf lebendig werden. Dafür steht auch unser neuer Name:

„Offenes Astwerk"

Der Baum als Symbol hat dabei eine vielfache Bedeutung: Mit seinem starken Wurzelwerk (Gremium der Verantwortung: Träger und Erzieherteam), dem kräftig aufstrebenden Stamm (Kindergartenbeirat und Kindergartenverein) und der Vielfalt der Zweige (individuelle Wege der Kinder, wobei sich jedes Kind seine „Frucht fürs Leben" mitnehmen kann als persönliches, individuelles Ziel) verdeutlicht der Baum „Offenes Astwerk" zugleich die vernetzten Inhalte unseres Kindergartens.

2. Situationen aus dem Kindergartenalltag

Heidi Simon

Die praktische Arbeit im Kindergarten St. Georg in Ast ist von dem Bemühen bestimmt, alle Betroffenen zu wirklich Beteiligten zu machen. Dazu gehört für die praktische Arbeit, dass „Situationen" im Kindergarten und im Leben der Beteiligten in ihrem pädagogischen Ernst auf- und angenommen werden. Diese „Situationen" sind daher im Folgenden keine didaktischen oder methodischen Elemente, sondern bilden und bleiben die Basis des praktischen frühpädagogischen Handelns und sind damit auch hier die Mitte aller fachlichen Bemühungen.
So wollen die folgenden sieben „Situationen" gesehen und eingeschätzt werden: Sie sind nicht Anschauungsmaterial für einen bestimmten frühpädagogischen Ansatz, sondern eine eigenständige, tragende Größe.

„Presse-konferenz / Experten-gespräch"

Ermutigt durch die stetig fortschreitende und kontinuierliche Entwicklung der Öffnung nach innen, verbunden mit den guten Erfahrungen und täglichen positiven Bestätigungen durch die Kinder, wagten und planten wir einen entscheidenden Schritt in die Öffentlichkeit.
Gemeinsam mit verantwortlichen Elternvertretern aus dem Kindergartenbeirat und dem Kindergartenverein wurden Vorbereitungen zu einer Pressekonferenz und einem Expertengespräch getroffen. Das Ziel war es, den Verantwortlichen im Außenbereich unsere Konzeption vorzustellen, Verständnis zu erreichen und in der anstehenden Baumaßnahme unsere Ziele zu verwirklichen. Geladen waren: Vertreter und Vertreterinnen aus den Bereichen der Politik, der Ausbildung, der Aufsichtsbehörde, des Ordinariats, der Verbände, der politischen Gemeinde, der örtlichen Kirche und die unmittelbar Betroffenen aus der Praxis, darunter vor allem auch die Eltern. Sichtlich beeindruckt von den kreativen Aktionen der Kinder während einer Hospitationsrunde im „offenen Kindergarten" trafen sich anschließend alle Fachvertreter zu einem Informations- und Meinungsaustausch. Unser Ziel, die Bedürfnisse der Kinder bei der Raum- und Gartengestaltung mehr zu berücksichtigen, war näher gerückt.

Durch diese gemeinsame Aktion konnten die Weichen für eine „konzeptionelle", praxisnahe Baumaßnahme gestellt werden.

„Eine Ritterburg entsteht“

Anton, 6 Jahre, ist ein ruhiges, zurückgezogenes Kind. Gemeinsam mit seinem Freund Martin entschließt er sich heute, in der Werkstatt zu bauen. Die Kinder ziehen sich zur Beratung zurück. Nach kurzer Zeit gehen sie freudig zur Erzieherin und berichten, dass sie eine Ritterburg bauen wollen. In der Werkstatt finden die Buben verschiedenes Material, welches ihnen frei zur Verfügung steht. Die Burg soll nicht zu klein werden, damit man richtig damit spielen kann.
Nun werden geeignete Holzplatten gesucht. Sogar Zinnen – aus Flaschenkorken und Wäscheklammern – werden auf dem Dach der Burg angebracht. Eine funktionierende Zugbrücke soll nicht fehlen. Nach einigen Überlegungen und Versuchen entdecken die Kinder ein geeignetes Holzstück, das sie geschickt mit einem Wollfaden zur Burg hin verbinden, so dass ein Hochziehen und Herunterklappen der Brücke möglich ist.
An der Rückseite der Burg wird nun eine Strickleiter aus halbierten Holzwäscheklammern und Wollfäden befestigt. Sorgfältig wird der Abstand der einzelnen Klammern gemessen, so dass die Treppen parallel zueinander laufen. Vorsichtig sägen die Kinder mit einer Laubsäge kleine Holzstücke auseinander. Die Holzteile werden dazu fest in der Werkbank eingespannt. Daraus fertigen die Kinder die Pferdchen und aus Korken, Stoff- und Wollresten die Ritter. Eine aus Papier gebastelte Fahne auf einem langen Holzstab bildet den Abschluss auf dem Dach.
Stolz tragen die beiden Jungen ihr Bauwerk in die Gruppe. Während einer „Kinderkonferenz“ wird von Anton und Martin der lange Weg der Herstellung der Burg erklärt und vorgestellt.

Viele spannende und intensive Spiele entstehen.
Vor allem für Anton hat sich jetzt einiges in der Gruppe geändert.

„Frauentragen“

Während einer Pfarrversammlung äußerte eine ehemalige Kindergartenmutter, die z. Zt. im Kindergartenverein tätig ist, den Vorschlag, das Brauchtum „Frauentragen“ wieder lebendig werden zu lassen.
Die durch die Weitergabe einer Marienfigur symbolisch erfahrbare Herbergsuche von Maria und Josef wurde spontan von vielen Familien aufgegriffen. Auch die Kindergartenkinder wollen sich an dieser Tradition beteiligen. Eine Rentnerin aus dem Dorf meldet sich im Kindergarten und vereinbart eine bestimmte Zeit, zu der die Marienfigur zum Kindergarten

gebracht werden soll. Voll Spannung erwartet und in feierlichem Rahmen wird die „Mutter Gottes" von der alten Dame überbracht. Mit einem bayerischen Gedicht bittet sie um Herberge für die „Maria". Nach einer kurzen Feier wird die Figur von Gruppe zu Gruppe getragen.
Am nächsten Tag begibt sich eine kleine interessierte Kindergruppe mit der Erzieherin und einer Kindergartenmutter (von ihr wird die Begebenheit in der Öffentlichkeit dokumentiert) auf den Weg durch das Dorf zur nächsten gemeldeten Familie. Behutsam tragen die Kinder die Marienfigur im Korb, begleitet von zwei Kindern mit einer Laterne. Bei der neuen „Herberge" wird ihnen ein herzlicher Empfang bereitet.

Neue Kontakte im Dorf entstehen und Kinder sind Beteiligte.

„Senioren-nachmittag"

Kinder haben heute oft wenig Kontakt zu ihren Großeltern. Deshalb wird eine Möglichkeit des Zusammentreffens zwischen den Kindergartenkindern und älteren Dorfbewohnern gesucht, um aus dem Bedürfnis der Kinder heraus die Begegnung zwischen Jung und Alt zu einem aktiven Erlebnis werden zu lassen. Dazu bietet der monatliche „Seniorentreff" eine gute Gelegenheit.
Folgende Situation ergab sich spontan in der Vorweihnachtszeit: Einige Kinder haben sich in der Werkstatt des Kindergartens Instrumente aus Nüssen gebaut. Damit wollen sie den Senioren bei ihrem nächsten „Treff" ein Lied vorspielen. Auch einige Schulkinder beteiligen sich an der Aktion. In stimmungsvollem Rahmen wird die Gruppe vom Diakon der Pfarrgemeinde herzlich empfangen und begrüßt. Nach ihrem selbst gestalteten musikalischen Auftakt gehen die Kinder von sich aus zu den Senioren und erklären begeistert die Handhabung ihrer Instrumente, die sie dabei gleichzeitig verteilen.
Zum Mitmachen motiviert erklingt das Lied nun gemeinsam noch einmal. Anschließend setzen sich die Kinder zu den Senioren, werden bewirtet und hören viele interessante Geschichten. Spontan erfolgt eine Gegeneinladung zu einem musikalischen Nachmittag in den Kindergarten.
Tatsächlich kommen die Senioren einige Tage später in den Kindergarten. Kinderlieder aus „Großmutters Zeiten" werden gesungen und die Kinder suchen sich zu einem Tanzlied einen „Seniorenpartner". So wird dieser

Nachmittag zu einem besonderen Erlebnis für Alt und Jung. Anschließend führen die Kinder ihre Gäste durch ihren „offenen Kindergarten" und erklären ihre Spielmöglichkeiten; dabei nimmt jedes Kind einen „Opa" oder eine „Oma" behutsam an die Hand.

Bei Dorfspaziergängen gehen jetzt ältere Bewohner freundlich auf uns zu. Wir sind uns ein Stück näher gekommen.
Spontane gegenseitige Besuche gehören mittlerweile zum Alltag.

„Ein Notfall im Kindergarten"

Die zunehmende Siedlungstätigkeit im Ort geht auch am Kindergarten nicht spurlos vobei. Die Kindergartenplätze werden immer knapper. Ein unerwarteter Notfall führt plötzlich zu der folgenden Situation:
Eine Mutter kommt in den Kindergarten mit der Bitte, einen Platz für ihren Sohn zu finden. Da die Gruppen voll belegt sind, ist die Unterbringung des Kindes nicht möglich. Das Anliegen der Mutter wird daraufhin dem Träger des Kindergartens, dem örtlichen Pfarrer, vorgetragen – der damit in einen Konflikt gerät: denn er ist zum einen Seelsorger der Pfarrgemeinde, zum anderen aber auch der verantwortliche Arbeitgeber.
Nach eingehender Beratung findet ein Gespräch zwischen dem Träger, der Kindergartenleiterin, der Kindergartenbeiratsvorsitzenden und dem Bürgermeister statt. Das Ergebnis stellt alle zufrieden: Die Elternvertreterin und der Bürgermeister appellieren an den Träger, die Gruppenstärke im Kindergarten aus pädagogischen Gründen nicht zu überschreiten. Trotzdem wird der Mutter geholfen: Für das Kind wird aus den Elternreihen ein vorübergehender Pflegeplatz gefunden.

Verantwortung im „Netzwerk" Kindergarten:
Was zuerst zu einem kritischen „Fall" zu werden droht, wird nun für alle Beteiligten akzeptabel.

Bücherei „Buchstabenbaum"

Eine zusätzliche Begegnungstätte für Eltern, Erzieherinnen und Kinder wurde mit der neuen Bücherei „Buchstabenbaum" geschaffen. Bereits während der Planungsphase waren Erwachsene und Kinder bei der Auswahl der Bücher und der Organisation intensiv beteiligt.

Entstanden ist die Bücherei mittels eines „Bücherbaumes", der eine gute Auswahl an Büchern vorstellt, die dem Kindergarten gespendet werden können. Das ausgewählte Buch wird mit einer persönlichen Widmung versehen, und so fanden sich bald zahlreiche Exemplare in der neuen Bücherei ein. Zu Beginn eines Kindergartenjahres wird dieser „Bücherbaum" mit neuen Vorschlägen für die Eltern aktualisiert.
Die Kinder dürfen sich „ihre" Bücher selbst aussuchen und ausleihen. Dafür gibt es einen eigenen Büchereiausweis für die Kindergarten- und Schulkinder und sogar von der kreativen Elterngruppe gestaltete „Buchstabenbaum"-Baumwolltaschen für einen ordentlichen Transport der Bücher. Die Betreuung übernehmen engagierte Eltern.
Die Bücherei hat sich zu einem beliebten Treffpunkt entwickelt. Von der kreativen Elterngruppe getöpferte Tassen mit der Aufschrift „Buchstabenbaum" bringen eine persönliche Note für Gesprächsrunden zwischen Eltern und Erzieherinnen. Gerne nutzen ganze Schulklassen (mit vorheriger Anmeldung) oder die Gruppe „Hausaufgabenbetreuung" aus der Grundschule nebenan den Besuch im „Buchstabenbaum".
Über den Büchereibetrieb lassen sich weitere Kontakte im Außenbereich herstellen. So konnte des öfteren die bekannte Kinderbuchautorin Marlene Reidel zu einer Lesung begrüßt werden und Vorlesestunden für und mit Kindern und Eltern, Senioren oder Schulkinder fanden großen Anklang.

> Neben der guten Ergänzung und Bereicherung der Bücher zu unserer Kindergartenbücherei steht die Begegnung und das wachsende Verständnis zwischen den unterschiedlichen Generationen beim „Treff" am „Buchstabenbaum" im Vordergrund.

„Gartengestaltung"
(Ursula Singer)

Im Zuge des beginnenden Umbaues des Kindergartens St. Georg stand die Neugestaltung der Gartenanlagen an. Angeregt und motiviert durch das Projekt „Landkindergarten" (1990–1992) rief mich die Leiterin in meiner Funktion als Fachberaterin an, ob ich sie bei der Umsetzung ihrer Praxisvorhaben unterstützen könne.
Die Kinder wurden an der Neugestaltung ihres Gartens beteiligt, indem sie sich im Rahmen von pädagogischer Projektarbeit Gedanken machten, wie sie sich ihren Garten vorstellen. Hierzu zeichneten die Kinder Pläne

und Skizzen mit ihren Wünschen. Das Schwergewicht der Ideen der Kinder lag dabei weniger auf den herkömmlichen Gartenspielgeräten, als vielmehr auf naturbelassenen Möglichkeiten zum Spielen, z. B. Hecken, Bäume zum Klettern, Wasser, Grillplatz, Indianerdorf aus Holzhütten usw. Die Kinderzeichnungen gab die Leiterin an einen Vater, der Architekt ist, weiter und dieser entwarf daraus einen ersten Plan zur Gartengestaltung, den sie mir beim Beratungstermin bereits vorlegte. Der Gegenstand der Beratung war die Frage nach der Umsetzbarkeit dieser Wünsche in die Praxis. Schritte wurden überlegt, wie in dieser Situation sinnvoll weiter vorgegangen werden kann.
Einer der nächstliegenden Kooperationspartner zur Umsetzung des Projekts „Gartengestaltung“ war das Erzbischöfliche Baureferat; es sollte möglichst frühzeitig in die Ideenfindung und Planung einbezogen werden. Ich wählte dazu den Weg der persönlichen Terminvereinbarung, um die Ideen im Referat selbst vorzustellen. Als weitere Gesprächspartner kamen der Träger und die Leiterin des Kindergartens hinzu, die Fotos und Kinderzeichnungen mitbrachte. Der Termin kam relativ kurzfristig zustande und brachte den gewünschten Erfolg: Das Projekt konnte im Zuge der Baumaßnahmen unter Federführung des Kindergartenvaters und Architekten umgesetzt werden.

So findet eine Begegnung von „Betroffenen“ aus unterschiedlichen Ebenen statt, die einander sonst kaum begegnen – und die Wünsche der Kinder werden Wirklichkeit.

II. Überblick über aktuelle pädagogische Ansätze und Fragestellungen

1. Der situationsorientierte Ansatz

Ursula Singer

Gegenwärtige pädagogische Bewegungen

Der situationsorientierte Ansatz erfährt seit den Anfängen der neunziger Jahre in der Kindergartenpädagogik eine neue Belebung. Ausgehend von der Notwendigkeit, die Vielfalt der familiären Lebensformen wirksam zu berücksichtigen und die jeweiligen Lebensräume der Kinder und ihrer Familien in die pädagogische Arbeit des Kindergartens einfließen zu lassen, beschäftigen sich viele Pädagogen heute ernsthaft mit den konkreten Lebensumständen der Kinder, die ihnen im Kindergartenbereich begegnen. Dabei gewinnt für sie auch der situationsorientierte Ansatz neu an Bedeutung.

Ausgangspunkt: gesellschaftliche Bedingungen

In den siebziger Jahren wurde der situationsorientierte Ansatz als Gegenbewegung zur damaligen Bildungseuphorie und zur Bildungsexplosion verstanden. Die veränderte Ausgangslage zwanzig Jahre später zeigt zwar andere Notwendigkeiten, doch in beiden Fällen handelt es sich um einen gesellschaftsbezogenen, ja um einen gesellschaftskritischen Ansatz. Denn der situationsorientierte Ansatz nimmt nicht nur, wenn auch nicht ausschließlich, gesellschaftliche Bedingungen zum Ausgangspunkt für seine pädagogischen Inhalte, um jene zu stabilisieren, sondern will diese auch analysieren und kritisch reflektieren. D. h.: Gesellschaftliche Bedingungen sind immer auch in ihrer Bedeutung für die Entwicklung und für die Lebensbedingungen von Kindern und Familien mit auf dem Prüfstand – um sie anzumahnen oder um sie zu verbessern.

Breitenwirkung und Vernetzung

In diesem Zusammenhang kann sich der situationsorientierte Ansatz nicht nur auf die Arbeit im Kindergarten beschränken, sondern erfasst ein breites Umfeld:

- Der situationsorientierte Ansatz prägt zum einen den Führungsstil und das Klima eines Kindergartens.

- Er wirkt zugleich auf die Ebene der Gemeinwesenarbeit ein.
- Weiter zeigt er Offenheit in doppelter Richtung: einmal institutionell, nach innen – dann dem eigenen Umfeld gegenüber, also nach außen.

Ein Ort für Kinder und ihre Familien

Der Kindergarten bleibt nach diesem Ansatz keine Insel innerhalb einer Kommune oder kirchlichen Pfarrgemeinde, sondern entwickelt sich darüber hinaus zu einem *„Ort für Kinder und deren Familien"*, der über das Lernumfeld Kindergarten die Interessen dieser Gruppen vertritt und dabei für sie gleichzeitig auch gewichtige Lobbyarbeit leistet.
Innerhalb eines auf diese Weise „offenen" Kindergartens stehen Begegnungs- und Erfahrungsräume den Beteiligten zur Verfügung, die sie selbst mitgestalten und mitprägen, ist doch die frühe Einbindung von Beteiligten in Entscheidungs- und Gestaltungsprozesse ein wichtiger Bestandteil dieses situationsorientierten Weges, dem letztlich ein demokratisches Grundverständnis zugrunde liegt. Das Aushandeln von Interessen, die Einbeziehung der Beteiligten und die Erschließung von Erfahrungsräumen sind sicherlich mühsame Prozesse, sie dienen aber letztlich der Persönlichkeitsentwicklung des Einzelnen, seiner Eigenständigkeit, seiner Kritikfähigkeit und Sozialkompetenz sowie auch der Solidarität von Gruppen untereinander.

2. Der ökosoziale Ansatz

Ursula Singer

An die oben genannten Einsichten knüpft der ökolosoziale Ansatz in der heutigen Sozialpädagogik an. „Situationen", von denen der situationsorientierte Ansatz spricht, sind keine isolierten Begebenheiten: Sie finden nicht auf einer von der Außenwelt abgeschnittenen Insel statt, sie ereignen sich vielmehr im Feld des Kindergartens, der viele Lebensgeschichten und zahlreiche Lebensbereiche in sich integriert und der auch seinerseits mit unterschiedlichen Lebenswelten vernetzt ist.

Drei Ebenen der Vernetzung

Dabei unterscheidet die Sozialpädagogik drei Ebenen:

- die *Mikroebene* der (direkten) Beziehungen, also zwischen dem einzelnen Kind – Eltern – Leiterin – pädagogischen Mitarbeiterinnen – anderen Kinder usw.,

- die *Mesoebene* der Einrichtung und Institutionen, also der Kindergarten als Einrichtung, der in Beziehung steht zur politischen und zur kirchlichen Gemeinde etc., und schließlich
- die *Makroebene*: die Einbettung in die Gesamtheit der kulturellen und gesellschaftlichen Rahmenbedingungen.

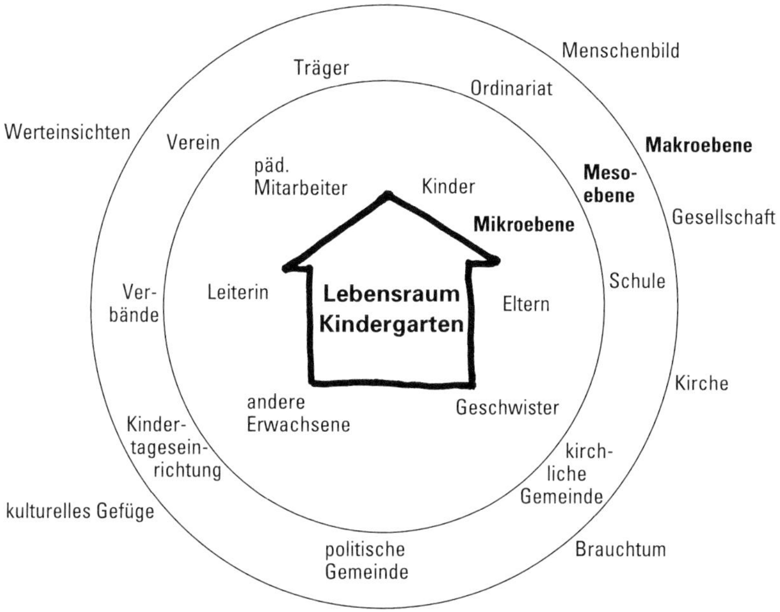

Dieses Netzwerk mit seinen drei Ebenen bei der pädagogischen Arbeit zu berücksichtigen ist ein charakteristisches Anliegen des situationsorientierten Ansatzes. Ob sich allerdings alle Beteiligten und Verantwortlichen einer solchen ökosozialen Vernetzung der „Lebenswelt Kindergarten" bewusst sind, ist eine berechtigte Frage (vgl. N. Huppertz).
Deshalb muß grundlegend festgehalten werden:

> Ein Kindergarten arbeitet nur dann überzeugend und wirksam situationsorientiert, wenn er gleichzeitig die Lebensgeschichten, Lebensräume und Lebensumstände möglichst vieler Beteiligter im Blick behält, also ökosozial sensibel ist.

Die Situationen im Kindergarten beinhalten also ein komplexes Geflecht an Vernetzungen von Personen und Lebensäußerungen, Interessen und Aufgaben. Es mag daher sein, dass viele Pädagogen/-innen und Verantwortliche aus dem Kindergartenbereich diese Vielfalt erkennen, von ihr verwirrt sind und deshalb den situationsorientierten Ansatz für ihre professionelle Praxis ausschließen. Eine solche Einstellung bietet jedoch praktisch wie fachlich keine Lösung. Vielmehr geht es darum, im Blick auf diese Vielfalt mittelfristig pädagogische Entscheidungen so zu treffen, wie sie „vor Ort“, also ökologisch zu verantworten sind.

3. Das Problem der Werteorientierung

Franz-Josef Hungs

Jede Pädagogik beinhaltet Wertentscheidungen

Pädagogische Zielsetzungen, Lerninhalte und praxisnahe Handlungsorientierungen treffen – bewusst oder nicht – immer auch Wertentscheidungen. Das gilt auch für die „Lebenswelt Kindergarten“. Je konsequenter und strenger der situationsorientierte Ansatz realisiert wird, um so drängender fordert er eine Wertentscheidung. Je höher kindliche Kreativität und Sensibilität im erzieherischen Handeln eingeschätzt werden, um so mehr sind ethisches Bewusstsein und sittliche Entschiedenheit gefragt, um nicht einem Relativimus Tür und Tor zu öffnen.
Entsprechendes gilt auch für den ökosozialen Ansatz: So kann z. B. die Orientierung am Netzwerk „Lebenswelt“ alleine keine ausreichenden Maßstäbe für erzieherisches Handeln bieten. Wenn dies beispielsweise mit einem Appell an die „Realitäten des Lebens“ oder an die „Erfordernisse der Gegenwart“ verbunden wird, schließt dies zugleich eine Form von Werteorientierung ein, nämlich eine Orientierung am Faktischen: „So ist das eben! Das tun doch heute alle!“ kann man dann hören, womit weitere Diskussionen u.U. dogmatistisch ausgeschlossen werden – so, als sei das Gegebene bereits auch schon das „Positive“.
Beide Ansätze können daher nicht einfach im Austausch zu bisher gewohnten Erwägungen übernommen werden, sondern bedürfen gleichzeitig einer Klärung ihrer ethischen Grundentscheidungen und der darin eingeschlossenen Wertaussagen.

Einige Gesichtspunkte zu einer solchen ethischen Grundorientierung lassen sich aufgrund der Geschichte der „Lebenswelt Kindergarten" und auch aus bereits gewonnenen Erfahrungen mit dem situationsorientierten und ökosozialen Ansatz nennen:

Anfragen an eine ethische Grundorientierung

- Die Frage nach der Werteorientierung heutiger Kindergartenarbeit ist mit dem Hinweis auf das (christliche) „Menschenbild" alleine nicht beantwortet. Denn gerade in dieser Hinsicht gibt es heute gesellschaftlich, weltanschaulich und pädagogisch eine Vielfalt von Lebenentwürfen und Erziehungsmodellen (vgl. die Ausführungen zur „Postmoderne" S. 57 ff).
- Zahlreiche Aussagen, die in Zusammenhang mit dem situationsorientierten Ansatz gemacht werden, unterscheiden kaum zwischen Ethos und Ethik des pädagogischen Handelns. Beim Ethos geht es um die Motivation und die Haltung des Einzelnen, die Ethik meint ein (bewusstes) System von sittlichen Normen und Regeln, ohne die ein verantwortungsvolles pädagogischen Handeln nicht möglich ist. Sicherlich bedürfen Motivation und Ethos einer kritischen (Selbst-)Prüfung und damit der kollegialen Beratung; ebenso gewiss ist aber auch, dass eine pädagogisch wirksame Ethik ein „offenes" System sein muss, d.h. ethische Entschiedenheit kann Erziehung nicht nur als Einübung in ein bereits bestehendes Gefüge des sittlichen Handelns verstehen, sondern muss ebenso gut neuen Lebenserfahrungen und Werteinsichten kreativ Raum geben.
- Solchen Erwartungen scheint gegenwärtig persönlich wie gesellschaftlich eine „Verantwortungsethik" am ehesten zu entsprechen: Es reicht für das erzieherische Geschehen und auch für eine pädagogische Professionalität nicht (mehr) aus, sich auf vorgegebene Regeln zu berufen oder an die Gesinnung der Handelnden zu appellieren. Vielmehr muss eine verantwortungsvolle Erziehung auch die erkennbaren Konsequenzen des konkreten Tuns mit bedenken. Sittliche Entschiedenheit ist ohne Einsicht, ohne Wissen, ohne „Inhalt" nicht zu verantworten. Den sich daraus ergebenden Fragen müssen sich der situationsorientierte Ansatz, aber auch seine Widersacher erst noch stellen.
- Jede Werteorientierung, jedes Menschenbild und jede Ethik bleibt ein Angebot, das sich vielleicht auf eine lebensgeschichtliche und gesellschaftliche Erfahrung berufen kann, sich aber auch immer wieder neu

sittlich erweisen muss. Insofern kann die Praxis, wie sie in den sog. „Situationen" angesprochen wird, mit ein gewichtiger Gesichtspunkt für das sittliche Handeln und erzieherische Tun sein.

- Solche Erwägungen sind einer christlichen Ethik und einem christlichen Menschenbild nicht fremd. Ja, sie können an das Tun und an das Urteil Jesu selbst erinnern (vgl. dazu III,3).

Es scheint tatsächlich so, dass der situationssorientierte Ansatz, „angereichert" durch ökosoziale Einsichten, mit solchen ethischen Erwägungen korrespondieren kann und auch der Lebenswelt und der Lebensgeschichte heutiger Kinder sittlich und pädagogisch entgegenkommt. Doch um das entscheiden zu können, ist es erst einmal angeraten, die pädagogische Fragestellung, wie sie in den „Situationen" eines Kindergartens heute zutage tritt, deutlich zu formulieren (vgl. „Problemaufriss", S. 23 f).

III. Weiterführende Überlegungen zum situationsorientierten Ansatz

Problem-aufriss
(Franz-Josef Hungs)

Der situationsorienterte Ansatz ist ins Gespräch gekommen, und zwar auf recht unterschiedliche Weise: Einerseits prägt er immer häufiger die praktische Arbeit im Kindergarten, andererseits bleibt er in seinen Möglichkeiten und vor allem in seinen fachlichen Konsequenzen umstritten. Diese Einschätzung betrifft die Frage nach der Werteorientierung in besonderem Maße.
Die folgenden Erwägungen wollen nicht einen frühpädagogischen Ansatz verteidigen, sondern kritisch und praxisbezogen den Gedanken der „Situation" aufnehmen und ihn in seinen Folgerungen überdenken:

Ein Kindergarten ist keine Insel

Inwieweit berücksichtigen heutige pädagogische Bemühungen im Kindergarten den ökosozialen Kontext, in dem alle Beteiligten und auch der Kindergarten als Einrichtung selbst stehen? Wie realitätsnah und sozial verantwortlich ist ein frühpädagogisches Handeln, das sich von „Situationen" leiten lässt?

Pädagogik und Werteorientierung

Pädagogisches Handeln ist wertorientiert und wertorientierend. Welches Menschenbild, welche sittlichen „Inhalte" schließt eine Frühpädagogik ein, die von „Situationen" ausgeht? Ist sie sich der darin eingeschlossenen grundsätzlichen Vorentscheidungen hinreichend bewusst? Wie denken die Soziale Arbeit und die Frühpädagogik selbst über diese Einsicht?

Kirchliche Trägerschaft und situationsorientierter Ansatz

Zahlreiche frühpädagogische Einrichtungen sind in freier, in kirchlicher Trägerschaft – und bei aller Bereitschaft für ein offenes Bildungssystem – der christlichen Botschaft verpflichtet. Lässt sich eine solche Verpflichtung bzw. die „Philosophie" kirchlicher Einrichtungen mit dem situationsorientieren Ansatz vereinbaren? Oder anders gesehen: Wird dabei nicht von einem weltanschaulichen Frei- und Spielraum ausgegangen, den es in der gesellschaftlichen und pädagogischen Realität für einen kirchlichen Kindergarten heute gar nicht (mehr) gibt? Wie „kirchlich" ist ein solches „Situationsdenken"?

Die Möglichkeiten eines „offenen Kindergartens“

Das frühpädagogische Postulat eines „offenen Kindergartens“ steht und fällt mit den pragmatischen Möglichkeiten vor Ort. Welche Chancen hat ein pädagogisches, ethisches und weltanschauliches Handeln, das „Situationen“ ökosozial an- und ernst nimmt? Wie geht es den Beteiligten damit? Lässt sich eine solche „Offenheit“ lebens- und lerngeschichtlich verantworten? Welche Lebenshilfe vermittelt sie tatsächlich?

Theorie auf dem Prüfstand

Es gehört zur pädagogischen Verantwortung, sich solchen Fragen auch dann zu stellen, sie auch dann anzunehmen, wenn es noch gar nicht darum gehen kann, „Antworten“ zu finden oder aufzuzeigen.
Die Praxis ist nicht der Anwendungsfall der Theorie, wohl ihr Prüfstand, ihr Ernstfall. So sehen es wenigstens die Autoren der folgenden fachlichen Erwägungen. Sie wollen, angeregt durch die Praxis und gestützt auf eigene fachwissenschaftliche Erkenntnisse und Kenntnisse, Fragen des situationsorientierten Ansatzes aufnehmen und sie auf ihre Art überdenken. Die Auswahl der fachwissenschaftlichen Zugänge ist nicht zufällig. Einmal ist sie bereits ein Echo auf die gegenwärtige Praxis im Kindergarten und auf die damit verbundenen Bemühungen um eine offene, geöffnete Frühpädagogik – zum anderen ergibt sie sich aus persönlichen Kontakten „vor Ort“, also aus Begegnungen im „Offenen Astwerk“ der kirchlichen Gemeinde St. Georg in Ast.

1. „Unser Kindergarten ist keine Insel“ – Aspekte aus der Sozialen Arbeit

Ursula Singer

a) Ausgangssituation

In der Sozialen Arbeit wird der Kindergarten als ein System in einem gesamtgesellschaftlichen System mit seinen derzeit aktuellen Entwicklungen verstanden. Er kann deshalb nicht losgelöst vom Wandel der Lebensbedingungen, der Lebensumstände, von veränderten Bedingungen in Kindheit und Familien gesehen werden. Diese Veränderungen ziehen auch Veränderungen in der sozialpädagogischen Praxis im Arbeits-

feld „Kindergarten" nach sich. Daraus folgt nicht „Schicksalhaftigkeit", sondern systemisch-wissend eine Entscheidung für einen pädagogischen Ansatz, der sich an den Lebenssituationen der Betroffenen orientiert und darüber hinaus auch die Frage nach der Werteorientierung stellt.
So wird derzeit über die *Öffnung der Tageseinrichtungen* für Kinder unter dem Aspekt der *Altersöffnung* diskutiert. Der *Gemeindebezug* des Kindergartens und die *gemeinwesenorientierte Kindergartenarbeit* stehen in Fachdiskussion auf der Tagesordnung. In der politischen Szene hört man häufig den Begriff der „Kinderbetreuungseinrichtungen"; bei den Pädagogen wächst die Sorge, dass der Bildungs- und Erziehungsauftrag des Kindergartens aus dem Blickwinkel gerät und so manch hart erkämpfte Rahmenbedingung dem Anspruch der Familienfreundlichkeit weichen muss. Doch was hat sich in der Tat verändert und welche neuen Denkweisen und Arbeitsformen sind deshalb gefordert?

Veränderungen der Familienbedingungen

Die Bedingungen der Familien haben sich durch unterschiedliche Einflüsse gesellschaftlicher Art gewandelt:

- Das Rollenverhalten der Frau hat sich erheblich verändert und fordert eine Reaktion durch staatliche Hilfen in der Betreuung und Erziehung von Kindern.
- Die hohe Anzahl an Ein-Kind-Familien erfordert ein breites Erfahrungsfeld für den Umgang mit Gleichaltrigen, Jüngeren und Älteren und damit eine Förderung des Sozialverhaltens der Kinder.
- Hohe Scheidungsraten geben kontinuierlichen Bezugspersonen und Aufenthaltsorten von Kindern eine neue Bedeutung.
- Die Wohn- und Lebenssituation von jungen Familien erzwingt häufig die Berufstätigkeit von Mann und Frau und lässt zudem finanzielle Sorgen aufkommen.
- Enge Wohnsituationen erhöhen das Konfliktpotential innerhalb der Familienmitglieder. Enge Bebauungen lassen teilweise Wohnviertel zum „sozialen Brennpunkt" werden. Einseitige Wohngrößen sorgen häufig für eine einseitige Ansiedlung von Bevölkerungsgruppen, z. B. nur Alleinstehende oder Familien. Dies erschwert teilweise den generationsübergreifenden Kontakt unterschiedlicher Lebensformen.
- Die Familie als „Keimzelle der Gesellschaft" ist erkennbar in einer Krise.
- Alleinerziehende gehören oft zu den „Ärmsten der Gesellschaft".

Solche und ähnliche Entwicklungen sind allen Beteiligten vielerorts vertraut. In der pädagogischen Arbeit des Kindergartens spielen diese Faktoren eine enorme Rolle, denn sie prägen das Erfahrungsfeld der Kinder und Erzieherinnen, der Eltern und anderer Beteiligter.

Daher die Frage: Wie reagieren die Betroffenen auf diese Entwicklungen und wie kann es gelingen, bereits im Vorfeld für ausgewogene Lebensbedingungen von Familien einzutreten? – Einem Reformprozess der Erziehungs- und Bildungsarbeit gehen meist eine differenziertere Wahrnehmung, veränderte Einstellungen und Verhaltensweisen voraus. So ist durchaus nachvollziehbar, dass derzeit mit gezieltem Blick auf Lebenssituationen von Kindern andere pädagogische Wege diskutiert, entwickelt und praktiziert werden. Dabei ist auch der situationsorientierte Ansatz ins Gespräch gekommen. Das führt notwendigerweise zu umfangreichen Auseinandersetzungen und auch Verunsicherungen, in der Konsequenz zugleich zu einer ganz neuen Berufsmotivation von Erzieherinnen.

Veränderung der Lebenswirklichkeit der Kinder

Wenn Erwachsene sich heute nach ihren Kindheitserinnerungen fragen, so steht für viele das Spiel im Freien, das Spielen auf Straßen, im Wald, am Bach und anderen Orten in der Natur vor Augen. Wie gerne erinnern sich viele an die Spiele ohne direkte Aufsicht von Erwachsenen, in einer Gruppe von „Gleichgesinnten“, an nicht eigens für Kinder geschaffenen Orten. Phantasie und Kreativität standen im Mittelpunkt. Beispielsweise bereitete es großen Spaß, aus Baumstämmen ein „Lager“ zu bauen, es zu bewachen und zu verteidigen. Such- und Versteckspiele bis in die Abendstunden ließen Zeit und Raum vergessen. Es geschah alles in tiefer Hingabe an das Spiel. Auch körperliche Kräfte ließen sich durch abenteuerliche Szenarien, verbunden mit „Bandenbildung“ oder Verfolgungsjagden, messen.

Wenn wir das Spielverhalten von Kindern heute anschauen, so ist es häufig mit Ansprüchen aus der Erwachsenenwelt durchsetzt:

- Jeder Tag wird mit einer anderen Aktivität zur Förderung der Fähigkeiten des Kindes genutzt: z. B. am Montag Ballett (körperliche Bildung), am Dienstag Klavierstunde (musische Bildung), am Mittwoch Mathe-Nachhilfe (schulische Bildung) usw. Kindheit heute zeichnet sich durch längerfristige Planung und Teilung der einzelnen Bereiche aus. Fachleute sprechen in diesem Zusammenhang von der „Verinselung der Kindheit". Die einzelnen Erfahrungsbereiche stehen dabei nicht unbedingt in einem für das Kind erkennbaren Zusammenhang. Die Eltern wollen eine möglichst umfassende Bildung ihrer Kinder. Das Sozialverhalten wird dabei wenig berücksichtigt und zum freien assoziativen Spiel bleibt wenig Zeit.

- Die Spielräume für Kinder beschränken sich in der Regel auf eigens für Kinder geschaffene Plätze, wie z. B. Spielplätze, Kindergärten oder Schulhöfe. Das freie Spiel auf Straßen und Plätzen ist zum Teil lebensgefährlich geworden und damit erheblich eingeschränkt. Im Besonderen gilt dies für die Städte, in denen Kinder teilweise völlig aus dem Blickfeld verschwunden sind.
- Kinder werden damit zu Empfängern von Ansprüchen aus den verschiedensten Bildungsbereichen und konsumieren das jeweilige Angebot. Eigeninitiative, Eigenmotivation und Phantasie bleiben oftmals auf der Strecke. Eine Konsumhaltung entsteht und lässt viele Kinder in eine Anspruchshaltung fallen, die stets auf Angebote wartet. Auch Medien leisten hierzu ihren Beitrag. Das freie und ungestörte Spiel des Kindes, das Sich-Vertiefen in eine kindgemäße Form des Handelns tritt immer mehr in den Hintergrund. Die Welt des Kindes wird heute mehr denn je mit Kriterien aus der Erwachsenenwelt durchsetzt.
- Kinder werden in der Welt der Erwachsenen oft als störend empfunden. Es fällt auf, dass heute im Falle eines Kindergartenneubaus in einem besiedelten Gebiet häufig ein Gerichtsprozess wegen „Lärmbelästigung" mit einhergeht, weil Wertverlust des eigenen Grundstücks oder Wohnraums befürchtet wird.

Kinder sind in vielen Verhaltensweisen ganz anders, als dies in der Welt der Erwachsenen üblich ist, und fordern Eltern und Erzieherinnen so heraus in ihrer Phantasie, Kreativität und Spontaneität. Gleichzeitig gilt es, den kindlichen Fähigkeiten zur Entfaltung zu verhelfen und ihnen Entfaltungsräume ihrer Individualität zu sichern.
Deshalb sollte die veränderte Fragestellung lauten: *„Was können wir als Erwachsene aus der Welt der Kinder lernen?"* und nicht „Was muss das Kind lernen, um als Erwachsener in dieser Welt bestehen zu können?" Denn es ist heute wichtiger denn je, der Kindheit wieder zu neuen Räumen und Entfaltungsmöglichkeiten zu verhelfen und sie nicht den

Ansprüchen der Erwachsenenwelt zu opfern. Vielleicht wäre manches Leben als Erwachsener glücklicher, wenn es uns gelänge, das „Kind in uns" zu bewahren.

Anforderungen und Erwartungen an den Kindergarten

Der Kindergarten hat in den vergangenen Jahren einen neuen Stellenwert erhalten. Während es vor wenigen Jahren noch nicht unbedingt üblich war, ein Kind auch in einen Kindergarten zu schicken, so spricht die Entwicklungspsychologie heute bereits vom „Kindergartenalter" und meint damit den Lebensabschnitt zwischen drei und sechs Jahren.

- Der Kindergarten als Institution ist in das Leben und in die Biografie der Kinder fest eingeschlossen und dient dabei nicht nur als Betreuungseinrichtung, sondern ebenso als Bildungs- und Erziehungseinrichtung.
- Er schafft für Kinder und Eltern Möglichkeiten, andere Menschen kennen zu lernen, stabile Beziehungen aufzubauen und über den eigenen Horizont hinauszuschauen. Er unterstützt letztlich den Aufbau von Kontakten unter Kindern und darüber hinaus auch unter Eltern.
- Gerade für Eltern, die in eine Gemeinde neu hinzuziehen, schafft der Kindergarten erste Möglichkeiten der Integration. Dies erfüllt eine wichtige Stützfunktion im Blick auf die Familie.

Erwartungen der Eltern

Eltern erwarten häufig auch eine gewisse „Ausgleichsfunktion" des Kindergartens im Blick auf die Erziehung ihrer Kinder. Geschulte Pädagoginnen sollen Erziehungsdefizite und Entwicklungsverzögerungen erkennen und beheben. Nicht selten sind Eltern auch für Korrekturen ihres eigenen Erziehungsverhaltens dankbar.

Erziehungsberechtigte können aufgrund der oben genannten Entwicklungen ihren Kindern heute ein nicht mehr so breites Feld an Sozialerfahrungen bieten und begrüßen daher das Eingebundensein des Kindes in einer Gruppe Gleichaltriger. Wichtige Fähigkeiten wie Rücksichtnahme, Konfliktlösungsverhalten und Durchsetzungsvermögen können hier erprobt und gelernt werden.

Bedeutung für das Kind

Für viele Kinder selbst ist der Kindergarten die erste Begegnung mit neuen Bezugspersonen. In Zeiten familiärer Krisen erweist sich der Kindergarten oftmals als stabiler Lebensraum und Bezugspunkt für das Kind. Über das Spiel oder die Kinderzeichnungen bekommen Erzieherinnen oft Einblick in die familiäre Lebenswirklichkeit der Kinder. So ist der Kindergarten auch die erste Institution, die Eltern in ihrem Erziehungsauftrag (Art. 6 GG) stützen und stärken kann und soll.

Freiraum Kindergarten

Der Kindergarten bietet Räume und Freiräume für Kinder, in denen sie sich ungezwungen bewegen können. Die Freiflächen der Kindergärten werden deshalb neu und naturnäher gestaltet. Bäume und Büsche dienen dem freien Versteckspielen und dem Bau von Höhlen und anderen Rückzugsmöglichkeiten. Eine weitere Überlegung in diesem Bereich ist auch, den Garten als festes Raumangebot in die freie Spielphase einzubinden und es in die Entscheidungsfreiheit der Kinder zu legen, ob sie dieses Angebot nutzen oder nicht.
Das Raumangebot des Kindergartens sollte ebenfalls genau analysiert werden und auf weitere Spielmöglichkeiten für Kinder hin überdacht werden. Rückzugsmöglichkeiten, freie Spielflächen, Räume für ungestörtes Spiel sowie der Stille und Entspannung schaffen einen Ausgleich für die sonst so oft begrenzten Räume für Kinder. In diesem Zusammenhang empfiehlt es sich, die Kinder in die Planungen und Neuüberlegungen einzubinden, denn ihre Kreativität und Fantasie sorgt für ein reichhaltiges Angebot.
Kinder sollen in alle Entscheidungen ihres Lebensraumes Kindergarten eingebunden werden. Sie können mitgestalten und miterleben, wie aus vielen Ideen Gemeinsames entsteht. Sie werden sich dann auch mit ihrem Lebensraum identifizieren und Verantwortung übernehmen. So werden Eltern und Erzieherinnen gemeinsam zu Anwälten der Räume für Kinder. Dies wirkt auch über die Einrichtung hinaus in die Familie und in die Gemeinde.
Die Teilung und Verplanung der Kinderzeiten, der Eingriff in das Spiel des Kindes und die Angebotsorientierung dürfen nicht Leitlinien des pädagogischen Konzeptes eines Kindergartens sein. Ganz im Gegenteil gilt es hier, diesen Entwicklungen andere Schwerpunkte und Gewichtungen entgegenzusetzen und Schutzräume für das kindliche Spiel zu gewähren. Das Spiel muss das Prinzip der Kindergartenpädagogik sein. Der Erwachsene sollte sich bemühen, seine Botschaften in einer kindmäßigen Form aufzubereiten und an die Kinder weiterzugeben. Er tritt für die Lebens- und Spielräume von Kinderinteressen ein.

So kann der Kindergarten eine Ausgleichsfunktion in den Lebensbedingungen von Kindern heute übernehmen. Er erweist sich damit als eine gesellschaftsstützende und -erhaltende Institution.

b) Der Kindergarten als soziale Institution

Erziehungs-, Bildungs- und Betreuungsauftrag

Nach dem Bayerischen Kindergartengesetz wird dem Kindergarten ein Erziehungs-, Bildungs- und Betreuungsauftrag zugesprochen. Dabei stehen Bildung, Erziehung und Betreuung gleichgewichtig nebeneinander. *„Der Kindergarten gilt in Bayern nicht als Einrichtung der Jugendhilfe, sondern als Einrichtung des Elementarbereichs und damit der ersten Stufe des Bildungswesens zugehörig. Maßgeblich dafür war u. a. die Erkenntnis, dass eine Trennung von Bildungs- und Erziehungsbereich und pädagogischer Arbeit in sozialpädagogischen Arbeitsfeldern nicht haltbar ist."*
Diese Neugliederung ermöglicht *„die Durchführung einer über bloße Kinderbetreuung hinausgehende Aufgabe: Die moderne altersmäßige Förderung der gesamten kindlichen Persönlichkeit auf wissenschaftlich pädagogischer Basis"* (Kommentar zum Bayerischen Kindergartengesetz, Art. 1).

Bildung

So umfasst der *Bildungsbegriff* im Wesentlichen zwei Aspekte: zum einen muss der Lerninhalt dem Kind entsprechend seines Alters und seiner Aufnahmefähigkeit so dargeboten werden, dass es nicht nur diesen selbst, sondern gleichzeitig die Normen und Werte des Zusammenlebens lernen kann. *„Der Bildungsbegriff befasst sich also – etwas vereinfacht ausgedrückt – mehr mit Inhalten und Zielen pädagogischer Handlungen"* (ebd.).

Erziehung

Der *Erziehungsbegriff* hingegen umfasst nahezu alle gesellschaftlichen Bereiche. Erziehung ist demnach gekennzeichnet durch eine Vielfalt methodisch-instrumenteller Möglichkeiten und sich nicht selten widersprechender Zielvorstellungen. Erziehung verfolgt die Erziehungsziele des Erwachsenseins in der Gesellschaft.
Über den Zusammenhang von Erziehung und Bildung kann vereinfacht gesagt werden: *„Erziehung ist integrierter Bestandteil von Bildung"* (ebd.).

Betreuung

Aufgrund der gesellschaftlichen Situation der Familien und der veränderten Aufgabenstellung von Mann und Frau hat der Begriff der *Betreuung* in den letzten Jahren zunehmend an Bedeutung gewonnen. „Betreuung" meint die aus dem elterlichen Sorgerecht der Personensorgeberechtigten abgeleiteten Bestandteile der Pflege, Erziehung, Beaufsichtigung und Aufenthaltsbestimmung der Kinder. Betreuung meint insbesondere eine Entlastung der Personensorgeberechtigten für eine bestimmte Zeit des Tages.
Durch die Umressortierung der Ministerien von der Zuständigkeit des Kulturministeriums hin zum Sozialministerium (Herbst 1994) zeigt sich auch eine Verlagerung der Schwerpunkte des Kindergartens von Seiten der Politik. Mit dieser Verlagerung geht eine neue Schwerpunktsetzung auf die Betreuung der Kinder einher, die sich heute schon an verschiedenen Zielrichtungen zeigt: Vereinbarkeit der Schließzeiten von Kindergärten in Verbindung mit den Interessen der Familien, Diskussion um die Öffnungszeiten von Kindergärten u. a.

Diese Grundlagen aus dem Bayerischen Kindergartengesetz bieten ein Fundament für den situationsorientierten Ansatz. In ihm werden Erziehung und Bildung nicht aus künstlich geschaffenen Situationen hergeleitet, sondern durch den Alltag und seine Herausforderungen. So kann sich beispielsweise die Gartengestaltung einer Einrichtung zu einem Projekt entwickeln, das die Inhalte der Erziehung und Bildung berücksichtigt und bei dem Lernen nebenbei wie von selbst geschieht (vgl. dazu IV, 1 d.).

Möglichkeiten und Grenzen

Die Möglichkeiten institutioneller Kinderbetreuung, -erziehung und -bildung reichen in Bayern über die Kindergärten bis hin zur außerschulischen Betreuung in Form von Mittagsspeisung oder Horten und zur vorschulischen Betreuung in Form von Kinderkrippen, Tagespflege, Betreuungsdiensten (tageweise) u. a. Diskutiert werden derzeit auch Formen altersübergreifender Betreuung von Kindern, wie z. B. „Kinderhäuser".

Möglichkeiten

Der Kindergarten als soziale Institution für die Altersgruppe von drei bis sechs Jahren kann heute auf eine hohe gesellschaftliche Akzeptanz blicken. Er leistet einen gesellschaftlichen Auftrag, der die Familien unterstützen und ergänzen soll, übernimmt jedoch keine familienersetzende Funktion. Es leuchtet dabei ein, dass der Kindergarten neben der Arbeit mit den Kindern auch die Elternarbeit und den jeweiligen Gemeindebe-

zug berücksichtigen sollte und so einen wichtigen gesellschaftspolitischen Auftrag übernimmt. Die Kontaktnahme von Kindern untereinander greift auf die Eltern über und wirkt in das jeweilige Gemeinwesen hinein. Der Kindergarten leistet damit eine wichtige integrative Arbeit für Kinder und Erwachsene innerhalb einer Gemeinde.
Die einzelnen Familien kommen oftmals im Kindergarten zum ersten Mal im Leben ihres Kindes mit einer institutionellen Form der Kinderbetreuung in Kontakt. Dies bedeutet häufig eine kritische Reflexion des eigenen Erziehungsstils, einen wertvollen Austausch in Erziehungsfragen unter Eltern und konkrete Hilfen für das Kind, etwa auch durch Zuhilfenahme von Beratungsstellen, Fachdiensten und anderen Hilfeformen.
Als gesellschaftskritische Einrichtung trägt die Institution Kindergarten auch dazu bei, gesellschaftliche Mängel hinsichtlich der Kinder- und Familienpolitik aufzudecken und Lösungsvorschläge zu entwerfen. Er leistet somit Lobbyarbeit für Kinder und Familien vor Ort.

Grenzen

Die institutionelle Kinderbetreuung, -erziehung und -bildung stößt jedoch auch an Grenzen:
So kommt es immer wieder zu Spannungen zwischen den Bedürfnissen einer Familie und der jeweiligen Institution. Dies zeigt sich v. a. an unterschiedlichen Erwartungen hinsichtlich der Öffnungszeiten oder auch der pädagogischen Angebote.
Der Kindergarten als Institution steht hierbei in der Interessenabwägung zwischen seinen gesetzlichen Grundlagen, den Möglichkeiten und Rahmenbedingungen und der jeweiligen personellen und finanziellen Ausstattung.

c) Der Kindergarten in seinen vernetzten Bezügen

Vernetzung verschiedener Personengruppen

Die Kinder

Die *Kinder* bringen, wenn sie den Kindergarten zum ersten Mal besuchen, etwa drei bis vier Jahre Lebens- und Familiengeschichte mit ein. Sie betreten die Einrichtung nicht als „unbeschriebene Wesen“, sonder verfügen bereits über unterschiedliche Erlebnisse und Geschwisterkonstellationen, Wohn- und Raumerfahrungen, Erfahrungen im Umgang mit Zeit und Spiel und vieles mehr. Der Kindergarten bedeutet für sie zugleich einen großen Schritt der Ablösung aus der unmittelbaren Eltern-Kind-Beziehung. Oftmals zum ersten Mal in ihrem Leben verbringen sie Zeit außerhalb des Elternhauses mit zunächst fremden Personen. Neue Beziehungen müssen aufgebaut werden. Für einige Kinder bedeutet es zum ersten Mal auch ein Zurechtfinden in einer Großgruppe mit vielen Kindern. Unmittelbar verbunden mit der Lebensgeschichte der Kinder ist natürlich die Lebensgeschichte der Eltern oder Erziehungsberechtigten.

Die Eltern

Für die *Eltern* stellt der Kindergartenbesuch ihres Kindes ebenfalls eine neue und oft ungewohnte Situation dar. Zum ersten Mal geben sie ihr Kind in eine Institution und erwarten von dieser neue Kontakte zu anderen Eltern, Erziehungsvorschläge und auch die optimale Förderung für das eigene Kind. Für einige Eltern beginnt mit dem Kindergartenalter die Rückkehr in das eigene Berufsleben. Kurz gesagt: Der Kindergartenbesuch stellt auf jeden Fall eine Umbruchsituation dar. Eltern bringen in die Institution Kindergarten auch ihre Erfahrungen mit anderen Eltern und Kindern mit. Ihre eigene Lebensgeschichte, die gesamte familiäre Lebenssituation spielen eine wichtige Rolle. Für die pädagogische Arbeit sind die beruflichen Vorerfahrungen und Qualifikationen von Eltern von hoher Bedeutung und werden oftmals in die praktische Kindergartenarbeit mit einbezogen. Soll die Kindergartenarbeit für Eltern und Kinder möglichst optimal verlaufen, so ist am Anfang viel Vertrauensarbeit nötig, die sich an Eltern und Kinder gleichermaßen richten sollte. Dieses Vertrauen benötigen Eltern besonders zu der Erzieherin, der sie ihr Kind anvertrauen.

Die Erzieherinnen

Die *Erzieherinnen* stehen ebenfalls in einem Netzwerk: Sie selbst als Personen finden sich in vernetzten Bezügen in ihrer eigenen Familien- und Herkunftsgeschichte. Sie bauen Beziehungen zu den Kindern und Eltern innnerhalb des Kindergartens auf. Nicht zu vergessen ist hier auch der jeweilige Träger als Arbeitgeber und Letztverantwortlicher für das pädagogische Konzept einer Einrichtung. Beziehungen bestehen aber auch auf der kollegialen Ebene, zu anderen Einrichtungen und evtl. darüber hinaus zu weiteren Institutionen, wie Trägerverband, Erziehungsberatungsstellen, Behörden u. a.

Die Netzwerke sind bei allen Beteiligten auf unterschiedlichen Ebenen angesiedelt. Angefangen von der Beziehungsebene *(Mikroebene)* hin zur institutionellen Ebene *(Mesoebene),* und schließlich ist die Gesamteinrichtung eingegliedert in eine bestimmte Gesellschaft mit ihren dazugehörigen Werten und Normen (*Makroebene*; vgl. Schaubild S. 19).

Kindergärten in katholischer Trägerschaft

Offene Einrichtung

Auf eine ganz spezifische Art und Weise sind Kindergärten in katholischer Trägerschaft noch einmal in ein eigenes Erziehungsgeflecht eingebunden. *„Der katholische Kindergarten ist eine nach allen Seiten seines Einzugsgebietes hin offene Einrichtung"* können wir als Leitsatz in den Verbandsrichtlinien des Fachverbandes „Katholische Tageseinrichtungen für Kinder" (KTK) lesen. Diesem Leitsatz ist zu entnehmen, dass Kinder unabhängig von ihrem religiösen Bekenntnis und ihrer Nationalität den katholischen Kindergarten besuchen können (s. auch „Gemeindebezug des Kindergartens", S. 37).

Orientierung an der Lebenswirklichkeit

„Der katholische Kindergarten orientiert sich an der Lebenswirklichkeit der Kinder und Familien, insbesondere auch der Mütter", lautet der zweite Leitsatz aus den oben genannten Verbandsrichtlinien. Nicht ein vorgegebenes Bild von der Institution Kindergarten mit seinen Zielen, Inhalten, Richtlinien prägt den Kindergarten, sondern der Blick auf die Lebenswirklichkeit der Kinder und Familien, die ihn besuchen. Somit erhält der Kindergarten heute einen familienunterstützenden Auftrag dahingehend, dass er durch das Angebot der Dienstleistung Kindererziehung, -betreuung und -bildung die Familien unterstützt und damit zu deren Bestehen und Gelingen beiträgt.
Für den situationsorientierten Ansatz bedeutet dies, auf die Familiensituation vor Ort zu schauen, sie zu analysieren und als Grundlage der pädagogischen Arbeit zu verwenden. Bedarfslagen von Eltern sollten erforscht werden. Ihre Lebensrealität sollte Platz finden in der pädagogischen Arbeit des Kindergartens. Doch dies gelingt nur, wenn die angesprochene Lebenswirklichkeit im Kindergarten konzeptionell zur Sprache kommt und wenn Räume und Plätze angeboten werden, die unmittelbar ein Gespräch der Eltern untereinander ermöglichen. Wie sehr Eltern das Gespräch brauchen und auch suchen, zeigt vielleicht die Tatsache, dass Eltern oft schon eine Viertelstunde vor Beginn der Mittagspause an der Türe stehen, um sich mit anderen zu unterhalten.
Solche und andere Situationen sind Anlass genug nachzudenken, ob und wieweit die Kindergartenarbeit wirklich auch die familiären Lebensbedingungen ausreichend berücksichtigt.

Wichtig in diesem Zusammenhang erscheint auch der Blick auf die unterschiedlichen Familienformen in der heutigen Gesellschaft, für die Institutionen oft Ausgleichsfunktionen übernehmen. Viele Kinder sind heute von Scheidung und Trennung ihrer Eltern betroffen. Solche Situationen gilt es aufzunehmen und nicht nur pädagogisch zu verarbeiten, sondern Lebenshilfen und Lebensperspektiven für Kinder und Eltern zu entwickeln. Dies geschieht nicht ausschließlich über die pädagogische Arbeit. Unterstützend können auch Selbsthilfegruppen, Gesprächskreise und andere Begegnungsformen sein. Insofern bietet auch hier der situationsorientierte Ansatz eine andere Perspektive.
Auf der Mesoebene wird so auch der Bezug zu der dem Kindergarten zugehörigen Kirchengemeinde hergestellt. Als Grundsatz für das Handeln des Kindergartens in katholischer Trägerschaft gilt: *„Die gesellschaftliche Ordnung und ihre Entwicklung müssen sich dauernd am Wohl der Personen orientieren; denn die Ordnung der Dinge muss der Ordnung der Personen dienstbar werden und nicht umgekehrt“* (Kirchenkonstitution des 2. Vatikanischen Konzils, Nr. 26).
Auf der Makroebene gilt dieser Leitsatz nicht nur für die Institution Kindergarten, sondern auch für die Kirche als Ganzes. Jesus selbst gibt uns durch sein Leben ein Beispiel, wie durch Annahme, Hinschauen und Hinhorchen und Mittragen von Leid und Schuld Leben gelingen kann. Er zeigt uns, dass für ihn jeder Mensch wertvoll ist und dass er niemals einen Menschen aufgibt.
Für den Kindergarten bedeutet dies, dass achtsamer mit Einschätzungen von Personen, mit deren Lebensschicksalen und Lebenssituationen umgegangen werden sollte.

Subjektwerdung von Kindern

„Der katholische Kindergarten zielt auf die Subjektwerdung von Kindern, er baut sich als heilendes Milieu auf“, so lautet der dritte Leitsatz der Verbandsrichtlinien des KTK.
Im katholischen Kindergarten wird der Bildungs-, Erziehungs- und Betreuungsauftrag um diesen Grundsatz hin erweitert bzw. alle drei Aufträge müssen auf dieser Grundlage umgesetzt werden. Dies geht weit über die Vermittlung von Wissen, Fähigkeiten und Fertigkeiten hinaus. Es meint zuallererst die Annahme des Kindes als Person in seinem jeweiligen Lebensumfeld und seiner Lebenssituation. Darüber hinaus geht es aber auch um das Bereitstellen einer Lebenswelt für das Kind, an der es selbst

mitgestalten und in der es sich wohlfühlen kann. Die Annahme des Kindes hat etwas mit tiefer Achtung vor seiner individuellen Persönlichkeit und seiner Eigenart zu tun. Es fordert vom Erwachsenen, sich auf die Lebenrealität des Kindes einzulassen und ihm zum Aufbau einer gelungenen Identität zu verhelfen.

Der situationsorientierte Ansatz fordert auf, jeweils erst auf den Menschen selbst zu schauen, bevor Ziele oder Handlungsperspektiven entwickelt werden. Er stellt auch vor die Fragen:

- Was geben wir dem Kind mit auf seinen Lebensweg?
- Welche Werte wählen wir aus?
- Was erachten wir für das Kind als wissenswert?

Bei der Beantwortung solcher Fragen wird die religiöse Erziehung kein isolierter Auftrag der Kindergartenarbeit sein, sondern vielmehr ein integraler Bestandteil des pädagogischen Denkens und Handelns. Spannungen ergeben sich häufig aufgrund eines sehr unterschiedlichen Verständnisses von religiöser Erziehung von Seiten der Träger und der pädagogischen Mitarbeiterinnen. Sehen Pädagogen dieses Erziehungsfeld häufig als Bestandteil ihrer alltäglichen Arbeit, so zeigen Seelsorger mitunter eine auf Gebet und Kirchenjahr konzentrierte Auffassung von religiöser Erziehung. Demgegenüber gilt: „Die Frohbotschaft will den Menschen nicht nur ein wenig klüger und frommer oder besser machen, sie will ihn von Grund auf neu machen. Oft leidet die kirchliche Verkündigung darunter, dass sie am konkreten Menschen vorbei oder über ihn hinweg redet. Es geht aber um den Menschen: Sein Hoffen und Bangen, seine Sehnsucht und Freiheit und Gemeinschaft, um sein Mühen nach einer ungefährdeten und unverkürzten Menschlichkeit. Die Frohbotschaft setzt sich nicht darüber hinweg, sondern sie setzt genau dies voraus" (vgl. P. W. Scheele 1975, in: Verbandsrichtlinien, S. 33).

In diesem Sinne kann der katholische Kindergarten seine spezifische Eigenart und seinen ihm eigenen Auftrag umfassend beschreiben. Dabei zeigt sich ein bemerkenswertes Phänomen: Die drei oben genannten Verbandsleitsätze, die im März 1989 formuliert wurden, bieten eine fundierte Grundlage für den situationsorientierten Ansatz, der sich unmittelbar darauf aufbauen lässt.

Die Chance eines kirchlichen Kindergartens liegt in seiner Nähe zu der jeweiligen Gemeinde. Die Praxis der Kindergartenarbeit zeigt allerdings, dass diese Nähe häufig ungenutzt bleibt: Kindergarten und Pfarrgemeinde stehen ohne Verbindung nebeneinander. Dabei könnte dieser Bezug viele Möglichkeiten und Chancen für beide Seiten eröffnen. So können beispielsweise Selbsthilfeformen für junge Familien im Rahmen der Pfarreien unter Begleitung des Seelsorgers oder hierfür bestellter Laien angeboten werden.

Gemeindebezug des Kindergartens

Kein anderes Feld innerhalb einer Pfarrgemeinde bringt die derzeitigen gesellschaftlichen Strömungen so in den Blick wie der Kindergarten, der sich nicht nur auf Angehörige der Kirchengemeinden bezieht. Für viele heute in den Pfarreien aktive Personen tut ein Blick in dieses Praxisfeld gut, um die Lebenssituationen von Familien und Kindern heute besser kennen zu lernen und unterstützend mitwirken zu können. Manche Vorurteile können so abgebaut werden zugunsten einer lebendigeren und basisnäheren Kirche. Junge Eltern sind mit ihren Kindern oftmals vor für sie unlösbare Fragen gestellt. Kinder stellen „Sinnfragen" und „wollen die Welt erkunden". Manche Erwachsene dagegen fühlen sich diesen Fragen gegenüber hilflos. Erzieherinnen verfügen über ein breites Wissen und Können, um mit sinngebenden Elementen, Geschichten oder Spielen dem kirchlichen Denken und Fühlen eine Richtung zu weisen.

Kindergarten und Pfarrgemeinde

Die vielfältigen Möglichkeiten der vernetzten Arbeitsweise zwischen Kindergarten und Pfarrgemeinde eröffnen im Rahmen von Festen, besonderen Ereignissen der Pfarrgemeinde oder des Kindergartens und auch im Alltag kontinuierliche und lebendige Verbindungen. Gerade in diesem Gefüge ist eine wechselseitige und kontinuierliche Information von großer Bedeutung. Es empfiehlt sich, dass dabei nicht nur Vertreterinnen des Kindergartens in den einzelnen Pfarrgremien, sondern ebenso Vertreterinnen des Pfarrgemeinderates oder der Kirchenverwaltung in kontinuierlichem Austausch mit „ihrem" Kindergarten stehen. Nur so kann der Grundsatz *„Agieren statt Reagieren"* umgesetzt und gleichzeitig mancher Konflikt im Vorfeld verhindert werden.

Nicht zu vergessen ist der Bezug zu politischen Gemeinde, die heute im Rahmen der Kindergartenfinanzierung eine wichtige Rolle spielt. Der Kindergarten in einem Dorf oder einer Stadt wird heute auch oftmals als

Kindergarten und politische Gemeinde

Werteträger für sozial-integratives Engagement in einer Kommune gesehen. Dies gilt es zu nutzen und zu fördern.
Ein zusätzliches Problem stellt sich, wenn in einer Gemeinde ein kirchlicher und nichtkirchlicher Kindergarten nebeneinander bestehen. Auch hier könnte über mögliche Verbindungslinien, über Zielrichtungen und Formen der Zusammenarbeit nachgedacht werden. Diese Situation fordert aber auch die Profilbildung der einzelnen Einrichtung und das Herausstellen der jeweiligen Besonderheiten.

Öffnung des Kindergartens nach innen und außen

Eine Wirkung der bereits beschriebenen Tendenzen ist die Öffnung des Kindergartens nach innen und außen.
Während mit Öffnung nach innen die Einrichtung selbst, ihre räumlichen und personellen Möglichkeiten gemeint sind, bezieht sich die Öffnung nach außen auf das Umfeld der Einrichtung, also auf die jeweilige Gemeinde, auf die „Öffentlichkeit".
Die Öffnung versteht sich als Konsequenz der hier bereits aufgeführten Grundlagen eines Reformprozesses im Kindergartenbereich. Aus bisherigen Erfahrungen lassen sich zwei Zielrichtungen erkennen, es handelt sich hierbei um zwei Seiten eines Reformprozesses: Zum einen geschieht dieser einrichtungsbezogen im Innenleben der Institution Kindergarten, zum anderen wirkt er nach außen und fördert Ansehen und Transparenz der Kindergartenarbeit. Erzieherinnen, die sich intensiv auf den Prozess einlassen, erfahren daher auch eine neue Berufsmotivation und Freude an der Arbeit und ihren Veränderungen. Die aus der Vernetzung erwachsenen Ressourcen können von den Beteiligten besser genutzt werden und wirken positiv auf das Arbeitsfeld zurück, auch wenn darauf hingewiesen werden muss, dass Öffnungsprozesse natürlicherweise an Grenzen stoßen.
Die innere Substanz, das innere Gefüge und der innere Zusammenhalt in einer Institution sind unabdingbare Voraussetzungen, um auch Anfechtungen und Krisen in diesem Prozess standhalten zu können. Es muss erst etwas zusammengewachsen sein, um es nach außen hin öffnen zu können. Dieses Zusammenwachsen braucht Zeit und Geduld, um auch an Stabilität zu gewinnen. Einige Kindergärten überarbeiten derzeit ihre pädagogischen Konzeptionen und suchen nach Teilaspekten der Öffnung, z. B. räumliche Öffnung innerhalb der Einrichtung für Kinder und Eltern. Die praktische Umsetzung ist dabei oft der letzte Schritt einer längeren

Entwicklung und der Diskussion der Teammitglieder untereinander, eine wichtige Erarbeitungsphase, die selbst nicht zu unterschätzen ist.

d) Orientierungshilfen durch das Netzwerk Kindergarten

Fragestellungen

Nach all den dargestellten Entwicklungen, Grundlagen und Voraussetzungen bleiben folgende Fragen offen:

1. Der situationsorientierte Ansatz steht in einem engen Bezug zu den Lebenssituationen von Kindern und Familien. Inwieweit kann ein pädagogischer Ansatz, der sich an Situationen der Kinder und Eltern orientiert, Antwort geben auf die Entwicklungen der Familie. auf die Lebenssituation der Beteiligten und gesamtgesellschaftliche Strömungen?
2. Der jeweilige Träger steht in der besonderen Verantwortung für die pädagogische Konzeption eines Kindergartens. Wie realitätsnah und sozial verantwortlich ist ein frühpädagogisches Handeln, das sich von „Situationen“ leiten lässt?
3. Die Umsetzung und Verwirklichung des offenen Kindergartens kennt viele unterschiedliche Wege und Umsetzungen. Wie geht es den Beteiligten damit? Lässt sich eine solche „Offenheit“ lebens- und lerngeschichtlich verantworten? Welche Lebenshilfe kann sie vermitteln?
4. Ein pädagogischer Ansatz enthält immer auch gesamtgesellschaftliche Aspekte und setzt sich ein für oder wendet sich gegen bestehende Verhältnisse. Inwieweit trägt der situationsorientierte Ansatz auch zu einer gesamtgesellschaftlichen Weiterentwicklung bei bzw. gibt Antwort auf bestehende Verhältnisse?

Im Folgenden wird der situationsorientierte Ansatz aus der Sicht der Sozialen Arbeit auf die oben genannten Fragen hin betrachtet.

Antwort auf die Lebenssituation von Kinder und Familien

Lebenssituationen von Kindern und Familien sind komplexer geworden. Sie erfordern von daher auch unterschiedliche Antworten durch die Pädagogik. Ein einheitlicher pädagogischer Ansatz kann diesen Anforderungen nicht genügen. Verschiedene Situationen bedürfen unterschiedlicher Antworten. Der situationsorientierte Ansatz geht von folgenden grundlegenden Fragestellungen aus:

- Woher kommen die Kinder?
- Wo wohnen die Familien? Wie sieht das Umfeld der Gemeinde aus?

- Welche Familiensituation finden wir vor?
- Wie sieht die berufliche und wirtschaftliche Situation der Familie aus?
- Wie weit liegen die Arbeitsplätze der Eltern von den Wohnungen entfernt?
- In welchen Familien arbeiten beide Elternteile?
- Welche Freizeitinteressen überwiegen?

Solche und andere Fragen dienen der Situationsanalyse, die jeder pädagogischen Konzeption einer Einrichtung vorangehen sollte. Auf sie baut das pädagogische Konzept auf und kann aus ihr entwickelt werden. Wir finden heute zum Beispiel auf dem Land sehr viele Pendlerfamilien, deren Lebensalltag von langer Abwesenheit des erwerbstätigen Elternteils geprägt ist. Der andere Elternteil, hier häufig die Frau, sieht sich oft vor der schwierigen Aufgabe, ihre Familie ins Dorfleben mit all seinen Aktionen, Vereinen und Taditionen zu integrieren. Sie sucht hierbei Gleichgesinnte, andere Frauen und Familien. Die Situation verschärft sich unter Umständen durch den kurz zurückliegenden Umzug in dieses Dorf. Der Kindergarten stellt für viele Frauen eine Kontaktmöglichkeit her, in der sie ihre sozialen und persönliche Bedürfnisse aufgehoben wissen. Nicht zu unterschätzen ist diese Form der Integration auch für die Kinder. Im Kindergarten lernen sie Gleichaltrige, Ältere oder Jüngere kennen; es entstehen Freundschaften, die oft bis lange ins Schulalter hinein von Bedeutung sind.
Wenn heute von der Lebenssituation der Familie und der Kinder die Rede ist, so bezieht sich diese Fragestellung auf unterschiedliche Bereiche:

- soziale Situation der Familie
- wirtschaftliche und finanzielle Situation der Familien
- Wohn- und Umfeld der Familie
- besondere Belastungen innerhalb der Familien (Krankheit, Arbeitslosigkeit, Scheidung)
- Werte, Normen, Religionszugehörigkeiten innerhalb der Familien
- Kontakte zu anderen Familien innerhalb einer Gemeinde
- Traditionen innerhalb der Familie

Solche Bereiche prägen die Situationen, die die Erzieherinnen in ihrer pädagogischen Arbeit aufgreifen und ausbauen. Die Situationen bieten sich als Grundlage und Ausgangspunkt an. Der Kindergarten kann hier-

durch eine wichtige Stützfunktion anbieten, da viele soziale Ressourcen zur Verfügung stehen. Diese ergeben sich zum einen durch die unterschiedlichen Eltern und Kinder, zum anderen durch die Pädagogen und den jeweiligen Träger.
Für Familien in besonderen Lebenslagen kann der Kindergarten auf ein Netz an weiteren Einrichtungen der Kinder- und Jugendhilfe, aber auch auf Ehe-, Lebens- und Familienberatungsstellen verweisen. Kontakte zum örtlichen Jugendamt mit seinen Beratungsdiensten und Angeboten für Familien sowie eine enge Anbindung an die Erziehungsberatungsstellen und Frühförderung sind für Eltern und Erzieherinnen wertvolle Hilfen. Manche Kindergärten entschließen sich auch, Beratungsführer herauszugeben, in denen sie Beratungsangebote für Familien zusammenstellen. Der Kindergarten selbst bietet viele Möglichkeiten, dass Eltern und Kinder miteinander sog. „Netzwerke" aufbauen. Diese entstehen durch soziale Bindungen, wie z. B. Freundschaften unter Kindern, aber auch durch vom Kindergarten initiierte Aktionen. Der Kindergarten als Institution bietet viele Aktionsfelder für Eltern, in denen sie ihre Fähigkeiten einbringen können und das Spielfeld ihrer Kinder erweitern. Aufgrund immer knapper werdender finanzieller Ressourcen entscheiden sich beispielsweise Eltern, die Gartengestaltung der Einrichtung selbst in die Hände zu nehmen. Sie bringen dabei viele Ideen, Phantasie, Zeit, Kraft und Geduld ein, damit sie ihre Pläne umsetzen können. Während solcher Prozesse wachsen menschliche Beziehungen und die Beteiligten identifizieren sich mit „ihrem Werk". Die Grenzen solcher Unternehmungen sind da, wo sich Erwachsene „ausgenutzt" fühlen. Wichtig ist, den jeweiligen Träger des Kindergartens in die Entscheidungsprozesse einzubinden und ihn zu informieren. Von Seiten der Träger sind Achtung und Dank für das meist ehrenamtlich erbrachte Engagement von zentraler Bedeutung.

Das Netzwerk Kindergarten bietet vielfältige Möglichkeiten, auf die Lebenssituationen von Kindern und Familien durch seine Pädagogik Antwort zu geben. Die Chancen in diesem Prozess liegen in einem breiten Feld an Ressourcen, Kontakten und wechselseitiger Unterstützung.

Der „offene Kindergarten" – eine Lebenshilfe?

Der offene Kindergarten, gewachsen an innerer Stabilität, legt seine Arbeit offen und gibt Einblick für Eltern und Kinder. Offenheit wird damit zu einer inneren Grundhaltung der Pädagogik und des Lebens im Kindergarten überhaupt. Dies meint mehr als nur Einblick in die pädagogische Arbeit des Kindergartens. Es gibt die Offenheit für den einzelnen Menschen, für Interessengruppen, für Räume der Solidarität, die manchmal erst anzustiften sind. Im Idealfall wirkt diese Haltung auch auf die Beteiligten und kommt so wieder auf die Einrichtung zurück.

Für Eltern

Wer sich einem anderen öffnet, wer in sich hineinschauen lässt, braucht das Vertrauen, dass seine Botschaften gut aufgehoben sind. Aus Untersuchungen des Deutschen Jugendinstituts geht hervor, dass Erzieherinnen für Eltern in Fragen der Erziehung oder bei Schwierigkeiten mit dem Kind nach dem Partner die am häufigsten aufgesuchten Ansprechpartner sind. Sie liegen damit weit vor Erziehungsberatungsstellen und anderen Fachdiensten. Erzieherinnen sind für Eltern häufig Vertrauenspersonen, denen sie ihre alltäglichen Probleme anvertrauen. Eltern erwarten hier Unterstützung und Hilfe.

Für Kinder

Die Kinder profitieren durch die Öffnung: Ihnen steht nicht nur mehr Raum, sondern auch mehr Zeit, Kraft und Ausdauer der Erzieherinnen zur Verfügung. Sie werden in ihren Bedürfnissen, in ihrer Eigeninitiative und ihrer Kreativität angenommen und können diese in der Abstimmung mit anderen Kindern leben. Es ist schon interessant, dass in den Kindergärten, in denen Erzieherinnen den Kindern etwas zutrauen, in denen die Erzieherinnen die Kinder in Entscheidungs- und Veränderungsprozesse einbinden, andere „Werke“ entstehen und sich eine höhere Spiel- und Beschäftigungszufriedenheit einstellt. Die Einhaltung von Regeln im Zusammenleben mit anderen Kindern reguliert sich durch die Kinder selbst, wenn diese in die Entwicklung einbezogen waren.

Für Erzieherinnen

Damit verändert sich die Rolle der Erzieherinnen: Die positiven Rückmeldungen durch das Spielverhalten der Kinder und das Vertrauen der Eltern wirken motivationsfördernd auf die Erzieherinnen zurück. Die Arbeit macht Spaß und initiiert viele lebendige Prozesse zwischen den Kindern und Eltern. Individuelle Fähigkeiten werden entdeckt und in der praktischen Arbeit umgesetzt. Durch die Aufteilung der Zuständigkeit in verschiedene Spielbereiche der Kinder können Erzieherinnen selbstverantwortlich mit den Kindern ihre Ideen einbringen. Ein entspanntes Betriebsklima ist die Folge solcher Entwicklungen. Erzieherinnen fühlen sich ihrer Arbeit bestätigt und ernst genommen. Ihre Arbeit führt nicht zur Konkurrenz, sondern zur Kooperation mit den Eltern.

Für alle Beteiligten wird der Kindergarten so zu einem Ort des Vertrauens, der Selbstbestätigung und -entfaltung sowie zum Ort der „Solidarität mit Gleichgesinnten". Diese Chance eröffnet und unterstützt vor allem der „offene Kindergarten" und bietet damit Lebenshilfe für persönliche, zwischenmenschliche und soziale Probleme oder Fragen. Die oben gestellte Frage „Der offene Kindergarten – eine Lebenshilfe?" kann aus dieser Sicht bejaht werden. Die Voraussetzungen für die Offenheit bedürfen aber ebenso langer Prozesse an Geduld, Vertrauen und innerer Stärke. Insofern gilt auch hier, dass „der Weg das Ziel ist."

Lobbyarbeit für Kinder und Familien

Über die Kindertageseinrichtung hinaus ist es besonders wichtig, die Interessen von Kindern innerhalb der Gemeinde und der Politik zu vertreten. Eine Politik für Kinder ist bei uns und gerade in unserem reichen Industriestaat nötig und bisher viel zu wenig realisiert. Die betrifft einige Bereiche innerhalb einer Gemeinde: Umweltschutz, Straßen- und Städtebau, Dorfentwicklung, Arbeitswelt und nicht zuletzt den Kulturbereich. So gibt es Beispiele, wie auf Anregung der Eltern eines Kindergartens ein neuer Spielplatz im Dorf eingerichtet wurde, an dessen Planung und Realisierung die Kinder und Eltern beteiligt waren.
Um Interessen wirksam vertreten zu können, bedarf es unterschiedlicher Solidargemeinschaften: „Es ist wichtig, auf kommunaler Eben eine Lobby für Kinder aufzubauen, auf Missstände aufmerksam zu machen, sich in andere Politikbereiche einzumischen und für kinderverträglich Prioritäten zu kämpfen" (Hedi Colberg-Schrader: Politik für Kinder – nur Sache der Politiker? Eine Lobby für Kinder, Kongressdokumentation BLV, 1994, S. 47). Diese Solidargemeinschaften setzen sich für die Belange von Kindern ein und wirken in unterschiedlichen Gremien mit. Ein im Zusammenhang mit dem Rechtsanspruch auf einen Kindergartenplatz stehendes Interesse von jungen Familien ist die ausreichende Zahl von Kindergartenplätzen. Dies muss rechtzeitig erkannt, geplant und umgesetzt werden.
Der sich aus dem Kinder- und Jugendhilfegesetz ergebende Auftrag lautet, dass die Jugendhilfe dazu beitragen soll, „positive Lebensbedingungen für junge Menschen und ihre Familien sowie eine kinder- und familienfreundliche Umwelt zu erhalten oder zu schaffen" (KJHG § 1, Abs. 3, 4).

Darin enthalten ist im Wesentlichen ein Präventivauftrag der Kinder- und Jugendhilfe. Leider finden wir im Bereich der Jugendhilfeplanung derzeit in Bayern noch wenige konkrete Maßnahmen und Schritte. Umso mehr bedarf es des Engagements der Eltern und Solidargemeinschaften, die Interessen von Kindern öffentlich zu vertreten.

Die Kindertagesstätte selbst bildet einen Ort, an dem sich solche Gruppen finden können. Hier haben Eltern die Möglichkeit im Kreise von anderen Betroffenen die sog. „neuralgischen Punkte" für Kinder und Jugendliche innerhalb ihrer Gemeinde auszutauschen und sich für deren Belange einzusetzen. So gesehen ist heute eine Kindertagesstätte nicht nur ein Ort für Kinder, sondern auch ein Ort für Familien, die sich dort kennen lernen und gemeinsam ihre Interessen vertreten können.

e) Kritische Erwartungen

An (kirchliche) Träger

Eine erste Erwartung an den Träger einer Kindertagesstätte ist die, dass er sich mit ihr „auseinandersetzt". Dies bedeutet einen lebendigen kontinuierlichen Kontakt mit der Einrichtung, den Erzieherinnen, den Kindern und Eltern. Dies beinhaltet aber auch echtes Interesse an den Belangen der hier Beteiligten. Es geht hierbei weniger darum, den Kindergarten für eigene Belange zu nutzen, sondern den Kindern, Erzieherinnen und Eltern Räume zur Verfügung zu stellen, in denen sie ihre Interessen, Probleme und Fragen frei und ohne Angst äußern können. R. Zerfaß meint hier: „Ein Kindergarten, der sich in einer solchen Gesellschaft als ein Freiraum auftut, in dem die Kinder die Spannungen loswerden können, die in ihnen sitzen, ist ein Politikum erster Ordnung, ein diakonischer, therapeutischer Dienst an dieser Gesellschaft, ein Kontrastmileu, weil hier andere Spielregeln gelten als draußen, weil hier nicht gefordert und gezogen und gestoßen wird, sondern herauskommen darf, was im Kind selber angelegt ist oder was es gerade ausbrütet" (R. Zerfaß: Lebensnerv Caritas, Freiburg 1992, S. 107). Diese Überlegungen zu einem „heilenden Mileu" sollten auch auf die Erzieherinnen und Eltern erweitert werden.

Das Spannungsfeld des jeweiligen Pfarrers zwischen „Arbeitgeber" und „Seelsorger" stellt in diesem Zusammenhang einen unlösbaren Konflikt dar. Wie soll eine Mitarbeiterin im Kindergarten sich vertrauensvoll, mit vertraulichen Mitteilungen an ihren Vorgesetzten wenden, der mit den Mitteln des Arbeitgebers ausgestattet ist? Besonders zugespitzt zeigt sich dieses Problem, wenn die einzelne Mitarbeiterin auch noch dieser Pfarrgemeinde zugehörig ist. Zerfaß empfiehlt in diesem Zusammenhang, die Verantwortung des Seelsorgers als Dienstvorgesetzter abzugeben, um seiner seelsorglichen Aufgabe gerecht werden können. Er verweist hier auf die Möglichkeit, örtliche Trägerverbände aus Laien zu bilden, die die Arbeitgeberfunktion übernehmen. „Auch hierdurch könnte der katholische Kindergarten Profil und Kirchlichkeit zurückgewinnen, dass er den Laien die Partizipationschancen eröffnet – und zwar nicht in einer delegierten, sondern ihnen von der Taufe her ursprünglich zukommende Kompetenz und Autorität, Kirche in der Welt von heute zu sein" (Zerfaß, ebd. S. 121).

Ein weiterer Aspekt eines kirchlichen Kindergartens, der sich unmittelbar aus dem Auftrag der christlichen Botschaft ergibt, ist die Annahme der „Ausgegrenzten". Da in keinem anderen Feld die Kirche mit der Gesellschaft so konfrontiert wird wie im Kindergarten, ergibt sich hier ein besonderer Auftrag im Sinne der Botschaft Jesu. Das Profil des katholischen Kindergartens zeigt sich auch in seinem Engagement für jene, für die wir als Kirche besondere Verantwortung tragen. Ein Kindergarten in katholischer Trägerschaft darf sich behinderten oder von Behinderung bedrohten Kindern, aber auch von sozialer Ausgrenzung bedrohten Kindern nicht verschließen. Die in diesem Zusammenhang oft angesprochenen fehlenden finanziellen Mittel dürfen nicht als „Vorschiebeargument" benutzt werden, denn es handelt sich hier um einen originär jesuanischen Auftrag. Dem offenen Kindergarten in katholischer Trägerschaft kommt hier eine wichtige „Anwaltfunktion" für diese Menschen zu.

Die Botschaft Jesu ist konkret und unmittelbar. Diese Anforderung gilt auch für den Träger eines kirchlichen Kindergartens und steht dabei auch in direktem Zusammenhang mit dem jeweiligen pädagogischen Konzept. Der situationsorientierte Ansatz entspricht diesem Auftrag und versucht jeweils die konkrete Situation vor Ort zum Ausgangspunkt zu nehmen. „Wir werden um so mehr Profil gewinnen, je radikaler wir uns in der Nachfolge Jesu auf die konkrete Situation vor Ort einlassen, auf die konkrete

Situation des Kindes und der Familie, die auf uns zukommt – theologisch gesprochen: in der Gott auf uns zukommt und uns anruft" (R. Zerfaß, ebd. S. 118).

Hier zeigt sich ein breites Feld notwendiger Veränderungen. Der Kindergarten heute bietet viele Betätigungsfelder für Laien und Professionelle und lebt aus ihrem wirksamen Miteinander. Viele Energien, die heute noch in die Abgrenzung fließen, sollten morgen in das Miteinander verwendet werden, um so den Kindergärten ein lebendiges Ansehen zu verleihen.

An die Politik

Die Politik selbst steht in der besonderen Verantwortung für das Wohl der Allgemeinheit in der Gesellschaft. Sie muss daher unterschiedliche Gruppen und Interessen stützen und kann sich in diesem Engagement nicht nur von möglichem Profit oder starker Parteinahme für einzelne gesellschaftlich einflussreiche Interessengruppen leiten lassen. Sie steht auch in der Pflicht gegenüber Ausgegrenzten oder von Ausgrenzung bedrohten Menschen. Eine Gesellschaft braucht die Solidarität unter Menschen, um überleben zu können. Solidarität meint in allen diesen Prozessen immer auch die Verantwortung für nachfolgende Generationen.
Es ist deshalb bedauerlich zu sehen, dass in einem Land wie der Bundesrepublik Deutschland, der „Rechtsanspruch auf einen Kindergartenplatz" nicht umgesetzt werden kann. Es ist ebenso bezeichnend, dass dieser Anspruch erst in der Diskussion um den § 218 StGB verabschiedet wurde, nicht bei der Reform des Kinder- und Jugendhilferechts. Solche Entwicklungen stimmen nachdenklich im Blick auf eine Gesellschaft, die sich mit einer gerechten Lastenverteilung schwer tut.
Das Engagement in den Bereichen der Kinder- und Familienpolitik ist wichtig, denn die Kinder von heute sind die Erwachsenen von morgen. Die Verteilung der finanziellen Mittel ist dort sinnvoll und vorrangig, wo es um den Aufbau von Solidargemeinschaften, wie etwa der Familie, geht. Eine gerechtere Chancenverteilung zwischen Mann und Frau, eine bessere Vereinbarkeit von Familie und Beruf sind nur einige Beispiele, die nach Lösungsmöglichkeiten rufen.

An die Gesellschaft

Die demografische Entwicklung unserer Gesellschaft wird in den nächsten Jahren folgende Verschiebungen nach sich ziehen: Auf drei Menschen über sechzig wird nur noch ein Kind kommen. In der Einlösung des

„Generationsvertrags", in der Renten- und Krankenversicherung zeigen sich große Probleme. Die Verantwortung hierfür muss von allen – von Jung und Alt – getragen und bewältigt werden. P. Zulehner spricht in diesem Zusammenhang von der Notwendigkeit der „gerechteren Verteilung der Lebenschancen" und nennt hier folgende Bereiche:

- Verteilung der Lebenschancen für Jung und Alt
- Verteilung der bewohnbaren Mitwelt, Wohnung, Nahrung, Zugang zu Arbeit und Bildung, Familiengründung und das Recht, nach eigenen Vorstellungen Kinder groß zu ziehen
- in Freiheit mit anderen den Glauben leben zu können
- Lebenschancen der Ungeborenen und Geborenen

Wenn wir weiterhin ein Leben in Gerechtigkeit, Frieden und Freiheit sichern wollen, sieht P. Zulehner die *„belastbare Solidarität"* als einzige Chance: „Es ist die ganz zentrale Aufgabe pädagogischer Bemühungen, solidarische Menschen hervorzubringen: Menschen mit einer gut belastbaren Solidarität" (Kongressdokumentation: Arbeitsplatz Kirche auf dem Prüfstand: P. Zulehner, S. 31, Fulda 1994).
Die Erziehung kann hier sicherlich den Grundstein legen, um diese Zukunftsaufgabe zu bewältigen. Die Gesellschaft darf aber diese geschaffene Solidarität nicht nur „verbrauchen", sondern muss Räume sichern helfen, in denen Solidarität auch wachsen kann. P. Zulehner unterscheidet hierbei drei Arten von Solidarität (ebd., S. 32 f):

1. *Solidarität aus Betroffenheit:* Weil ich selbst arbeitslos werden könnte, solidarisiere ich mich mit den Arbeitslosen.
2. *Empathie-Solidarität:* Nicht Mitleid aus der gesicherten Distanz, etwa vor dem Fernseher, sondern Solidarität über Mitleiden, d. h. an Ort und Stelle das Kreuz spüren, das jemandem aufgelastet wird.
3. *Wertesolidarität:* Diese Solidarität entspringt der inneren Haltung eines Menschen, und nur von dieser Form der Solidarität kann die Zukunft letztlich getragen werden.

Belastbare Solidarität braucht die Freiheit, in der sie sich entfalten kann. Sie bedarf auch der Vorbilder, an denen wir uns orientieren können. Lebensbeispiele wirken überzeugender als Worthülsen. Die Lasten der Zukunft sind auf alle zu verteilen und dürfen nicht die Wehrlosen und

Schwachen besonders strapazieren. Eine Gesellschaft kann nur funktionieren, wenn Menschen bereit sind, sich über ihr „Ego“ hinaus für die Interessen der Allgemeinheit zu engagieren. Hierin sind letztlich alle gefragt, wenn wir den Kindern von heute eine lebenswerte Zukunft sichern wollen.

Die Institution Kindergarten ist ein Raum, in dem Solidarität nicht nur „verbraucht“, sondern entfaltet werden kann: Solidarität nicht nur im Kontakt unter Kindern, sondern auch unter den Generationen, Institutionen, Politikern und unter schon vorhandenen Solidargemeinschaften wie den Familien. Solche Räume brauchen Schutz vor einseitiger Instrumentalisierung und Pluralisierung der Erwartungen, die an sie gestellt werden.

Ausblick

Gerade die politische Frage zeigt, dass es nicht nur pragmatisch um das Nächstliegende geht, sondern um eine Verantwortung, die um die Folgen ihres sozialen Handelns weiß. Aber es geht noch um wesentlich mehr.

Der Einzelne kann in seiner persönlichen Wertentscheidung nicht alleine oder zurückgelassen werden. Warum nicht? Weil er ja selbst mit in diesem Netz verwoben ist, und dies gerade als Kind. In der Frühpädagogik ist es mit ein Ziel, dem Einzelnen als Kind, als Eltern, als Erzieherin nicht das abzufordern, was nur gemeinsam „politisch“ erbracht werden kann. Denn Demokratie ist nicht nur eine Chance für den Einzelnen, sondern auch ein Auftrag an alle gegenüber diesem Einzelnen. Damit wird gleichzeitig faktisch auch eine Wertentscheidung getroffen.

Wertentscheidung, Werteorientierung und Wertsolidarisierung sind aufs engste miteinander verbunden. Die „soziale Hilfe“ ist kein Wert in sich, wenn nicht gleichzeitig eine „soziale Kultur“ geschaffen wird, die die Unverwechselbarkeit des Einzelnen auch und selbstverständlich im Kind „pflegt“ und darin gleichzeitig einen gesamtgesellschaftlichen, politischen Auftrag sieht.

2. „Vom Ernst des Anderen" – Ethische Perspektiven

Franz-Josef Hungs

Pädagogische Ziele und Wege, Arbeitsformen und Inhalte schließen Grundentscheidungen mit ein, die häufig in dem Begriff „Menschenbild" gebündelt sind. Diese Einsicht ist eine Binsenweisheit, nur ist sie vielen im konkreten pädagogischen Tun nicht bewusst oder kommt in der didaktischen Planung und Organisation selten zur Sprache. So ist es auch im Kindergartenbereich: Oft sind es erst „Grenzsituationen", so etwa im Gespräch zwischen Eltern und Erzieherinnen, im Austausch zwischen Leiterin und Träger, die unerwartet und unvorbereitet zu „grundsätzlichen Themen" führen. Das Bild ist dann stets das gleiche: Einige sind betroffen und verwirrt – andere werden heftig – dritte appellieren an das Gemeinsame, eben an das (meist) „christliche Menschenbild, das uns ja alle hier in der Einrichtung miteinander verbindet".
Insofern muss festgestellt werden:

> In weiten Bereichen der Frühpädagogik wird die Frage nach dem zugrunde liegenden Menschenbild nicht ausreichend wahrgenommen. Dadurch laufen viele Beteiligte Gefahr, sich der Grundsätze ihres pädagogischen Handelns nicht bewusst genug zu sein.

Die Gründe dafür sind vielfältig. Praktiker motiviert und interessiert das konkrete Tun. Gleichzeitig haben sie von ihrer Ausbildung her häufig einen Theorie-Überdruss. Hinzu kommt, dass sich in der Pädagogik Theorie und Praxis schnell auseinander bewegen. Pädagogisches Tun braucht konkrete „Inhalte" und lässt sich nur schwer „allgemein" erörtern. Aber an solchen „inhaltlichen" Fragen entzündet sich dann doch die „grundsätzliche" Auseinandersetzung. Charakteristisch für die Kindergartenarbeit ist es offenbar, dass sich dabei besonders die Träger verantwortlich fühlen. Plötzlich ist das Bild vom „gemeinsamen Bemühen" getrübt – das Menschenbild wird zitiert – Appelle sind zu hören – auf eigentlich grundsätzliche Fragen wird mit Handlungsanweisungen reagiert – es kommt zu Missverständnissen und Konflikten.

Deshalb gilt:

> Ein Nachdenken über das Menschenbild heutiger Frühpädagogik dient letztlich der Praxis und ist nicht nur von fachwissenschaftlichem Interesse. Eine solche Reflexion ist gleichsam selbst „situationsorientierend" und von „ökosozialer" Bedeutung für die praktische Arbeit im Kindergartenbereich.

Die folgenden Erwägungen versuchen dazu einige wesentliche Gesichtspunkte aufzuzeigen.

a) Das Ernstnehmen des „ganzen Menschen"

Jede pädagogisch engagierte Fachwissenschaft wird von sich selbst sagen, dass sie vom „ganzen Menschen" ausgeht. Doch was heißt das eigentlich? Weit aufschlussreicher ist da oft, welchen Zugang die einzelne fachliche Bemühung zu dieser Ganzheit wählt.
Hier drängt sich eine Reihe von Fragen auf: Welchen Zugang sucht die Frühpädagogik traditionell? Kennt sie einen eigenen, erfahrungsbezogenen Zugang zu dem „ganzen Menschen", wie er ihr im Kind begegnet? Schließt der situationsorientierte Ansatz nicht auch seinerseits bestimmte anthropologische Grundentscheidungen mit ein? Inwieweit lassen sich solche pädagogischen Grundorientierungen mit den Vorstellungen der Eltern, Erzieherinnen und Träger in Einklang bringen? Reicht dazu der Appell an ein gemeinsames Menschenbild heute noch aus?
Es ist nicht zu übersehen, wie folgenreich und auch kritisch eine Beantwortung solcher Fragen werden kann. Die Diskussion um den situationsorientierten Ansatz scheint diese Einschätzung zu bestätigen.

Lebensgeschichtliche Orientierung

Zu welchem Zugang „zum Menschen" wird der Frühpädagogik dort geraten? Es ist nicht mehr der Weg über Grundbestimmungen wie „der Mensch ist Person", er ist „ein soziales Wesen" oder auch „der Mensch ist ein Geschöpf" und „erlöst" bzw. „erlösungsbedürftig", sondern es ist der Zugang über die *Lebensgeschichte.* Der Mensch, auch das Kind, „hat" ja nicht nur seine Geschichte, der Mensch *ist* seine Geschichte. Dieser Gedanke zeigt, dass es „den ganzen Menschen" gar nicht gibt und auch nicht geben kann: Die Geschichte jedes Menschen bleibt offen, und die damit gegebenen Fragen können durch allgemeine Aussagen zum „Wesen Mensch“ nicht befriedigend beantwortet werden. Einmal rückt so zu leicht die Eigenart persönlicher Lebenserfahrungen und -einsichten aus dem Blick – zum anderen werden der Ernst und die darin eingeschlossene Entschiedenheit menschlicher Lebenswege nicht respektiert.

Ausgangspunkt „Situation“

Führt aber eine solche lebensgeschichtlich orientierte Perspektive nicht in eine pädagogische Unverbindlichkeit, in eine ethische Ratlosigkeit oder gar zur Willkür? Bleibt die Frühpädagogik angesichts solcher Überlegungen überhaupt entscheidungs- und handlungsfähig? Wird nicht so der Disput um ein gemeinsames Menschenbild nur durch einen neuen Streitpunkt ersetzt? Für den, der die Praxis und ihre Anforderungen kennt, lassen sich solche „Sorgen“ nicht an eine andere, eben die fachwissenschaftliche Ebene „delegieren“; denn er muss handeln, muss planen und entscheiden. Aber dieser Druck ändert nichts an der Tatsache, dass auch im (früh-)pädagogischen Bereich die Zeit der anthropologischen Naivität vorbei ist. Insofern stellt sich tatsächlich die Frage, ob nicht eine Besinnung auf die Lebenswelt und Lebensgeschichte, wie sie frühpädagogisch durch den Begriff „Situation“ angeregt wird, einen Weg weisen kann:

> Der Weg zum „ganzen Menschen“ bedeutet das Ernstnehmen einer unverwechselbaren und doch mitteilbaren „Situation“ der Lebensgeschichte des Einzelnen – zur Ermutigung und zum Gewinn für die anderen.

Erwägungen zu einem vorgegebenen Menschenbild sind kaum eine Hilfe, vor allem dann nicht, wenn sie gleichsam „vorauseilend“ dort Lebenssinn konstatieren, wo Leben als ganzes noch aussteht. Vielmehr ist von einem Menschenbild zu erwarten, dass es den lebensgeschichtlichen Ernst nicht aus dem Blick verliert, ja ihn immer wieder neu sucht.

b) Der „Weg ins Weite“

Lebenstranszendenz

Jeder Mensch bringt seine Lebensgeschichte mit. Die Erfahrungen der Vergangenheit bestimmen auch die Gegenwart und die Möglichkeiten der Zukunft mit. Diese individuelle Geschichte bleibt aber offen auf Zukunft hin. Der weitere Weg ist nicht festgelegt: Der Mensch staunt und fragt, er sucht und hofft. Diese Lebens„bewegung“ kann man mit dem Begriff „Lebenstranszendenz“ bezeichnen. Damit wird eine menschliche Grunderfahrung ausgedrückt: Der Mensch „transzendiert“, „übersteigt“ das bisher Gelebte und Erkannte und überschreitet so stets aufs Neue die Grenzen seiner Lebensgeschichte. Dies geschieht in einer doppelten Hinsicht: im Blick auf die Zukunft („Hoffnung“) und auf der Suche nach einem verbindlichen, verbindenden Lebenssinn („Glaube“).

Stetiger Aufbruch

Der Einzelne erfährt diesen „Weg ins Weite“ nicht nur als Chance, sondern auch als Ängstigung – sind doch Lebensschritte immer wieder auch Sinnschritte. Damit stellen sich viele, meist bedrängende Fragen: Wenn so Lebenssinn immer wieder in Gefahr gerät, immer wieder neu gesucht werden muss, wo bleiben da die Gewissheit, die Kontinuität und Verbindlichkeit der eigenen Lebensgeschichte? Ist der Einzelne diesem ständigen Aufbruch auch gewachsen? Muss jeder immer wieder aufs Neue und auf seine Art den „Weg ins Weite“ suchen? Gibt es nicht verlässliche, tragfähige Lebenseinsichten aus der Geschichte anderer, die Halt bieten und als Vor- und Leitbild dienen können? Wie können solche Lebensperspektiven anderer so angeboten, so vermittelt werden, dass dabei der eigene Lebensglaube nicht getäuscht und die persönliche Lebenshoffnung nicht begrenzt wird?

Möglichkeiten einer „Situationsorientierung“

Vor diesem Hintergrund müssen auch die Konzepte, Zielsetzungen, Inhalte und Wege des situationsorientierten Ansatzes gesehen und geprüft werden. Dazu einige Anfragen oder Anregungen:
Eine „Situationsorientierung“ pädagogischen Handelns scheint dann verantwortungsvoll zu sein, wenn sie Lebenstranszendenz erhellt, ermöglicht und aufzeigt. Dann können „Situationen“ auch zu „Stationen“ auf dem Lebensweg ins Weite werden: „Situationen“ müssen lebensgeschichtlich transzendenz„fähig“ sein. Eine solche „Qualität“ kann schwerlich allein durch imitatives Tun gewonnen werden, sie braucht den konkreten Lebensbezug. Nur so, lebensgeschichtlich, lassen sich Erlebnisse und Erfahrungen zu einem Sinnganzen zusammenfügen.
Man muss dabei der Vorstellung oder Erwartung wehren, dass es nur außerordentliche, erhabene oder auch tief notvolle Begebenheiten und Begegnungen sind, die zu einem solchen Übersteig ins „Wesentliche“

führen. Man sollte pädagogische Situationen nicht zu Höhepunkten kindlichen Erlebens stilisieren. Vielmehr ist die Alltäglichkeit der Normalfall für anthropologische Erwägungen und pädagogische Entscheidungen.

Religiöse Erziehung und Werteorientierung

Eng verbunden mit solchen Überlegungen sind auch Fragen einer religiösen Erziehung und einer christlichen Werteorientierung, wie sie häufig kritisch gegenüber dem situationsorientierten Ansatz gestellt werden. Grundsätzlich muss dazu festgestellt werden:

> Das Religiöse zielt pädagogisch nicht auf ein „Zusatzprogramm".
> Religiösität und Glaube haben dann ein Gewicht für die persönliche Lebensgeschichte, wenn sie erfahrungsnah und konkret sind.

Ob dies „Situationen" im Sinne des situationsorientierten Ansatzes tragen, bedarf noch einer (religions-)pädagogischen Erprobung.

Öffnung als Konsequenz

Schließlich noch ein Wort zur „Öffnung" des Kindergartens. Sicherlich gibt es viele und berechtigte Überlegungen zu diesem Aspekt frühpädagogischer Bemühungen, vor allem von Seiten kirchlicher Trägerschaft. Eine solche Öffnung und auch Offenheit der Kindergartenarbeit ist allerdings – gerade im Sinne der Kirchen – nicht nur eine Frage der kirchlichen Binnenkultur oder gesellschaftlichen Wirksamkeit kirchlichen Handelns, sondern schließt ebenfalls eine anthropologische und auch eine theologische Entscheidung mit ein:

> Die „Öffnung" des kirchlichen Kindergartens ist einmal Ausdruck gesamtgesellschaftlicher Verantwortung. Sie kann aber auch die Konsequenz aus einer weltanschaulichen, religiösen Botschaft sein, der kein Weg und keine Weise menschlicher Transzendenzerfahrung fremd ist.

Wenn – nach einer Äußerung des 2. Vatikanischen Konzils – „die Ordnung der Dinge der Person (tatsächlich) dienstbar gemacht werden" soll, dann sollte eine solche Entscheidung kirchlichen Trägern nicht schwer fallen.

c) Sorge um Transparenz: Die Verbindung von Lebenssinn und Lebensraum

Auf der Suche nach Lebenssinn

Anthropologische Erwägungen neigen leicht zu einer gewissen hochgestimmten Abstraktheit, in der ihnen der Blick für konkrete menschliche Lebensumstände verloren geht. Dieser Verlust führt dazu pädagogische Grundforderungen zu stellen, die sich deshalb nicht erfüllen lassen, weil die dazugehörige Lebenswelt fehlt bzw. nicht geschaffen werden kann. Deshalb gehört zur Lebenstranszendenz auch Lebenstransparenz: Die „Welt", die Lebenswege, Lebensumstände und Lebensräume, in denen der Mensch angesprochen wird, müssen auf einen möglichen Lebenssinn hin offen, „durchsichtig" sein. Lebenssinn und Lebensraum sind eng miteinander verbunden.

Anfragen

Damit stellt sich die Frage, inwieweit überlieferte und auch gegenwärtige Deutungen von Lebenssinn und Lebensraum tatsächlich dem Lebensbedürfnis des Einzelnen in seiner Individualität und Sozialisierung noch entsprechen. Wo nimmt die Sinnfrage ihren Anfang? Beginnt sie im offenen, freien Raum persönlicher Sinnsuche? Was gelten die Lebenswege und Lebensumstände, die persönliche und gesellschaftliche Lebenswelt des Menschen? Gibt es „Fenster", die Lebenssinn erkennen lassen? Können bisher gewohnte Lebensräume ihre Sinntransparenz bewahren oder ist diese verloren gegangen? Gibt es bei allem geschichtlichen und gesellschaftlichen Wandel Sinnzugänge, die bleiben? usf.
Solche Fragen werden den Pädagogen vielleicht zuerst befremden oder er wird sie mit Berufung auf die eigene Praxis und deren Fragen von sich weisen; faktisch aber kann er sich ihnen nicht entziehen. Ja, viele konkrete pädagogische Entscheidungen schließen sogar schon eine Antwort auf solche „Probleme" mit ein. Die Rede vom „uns doch verbindenden, gemeinsamen Menschenbild" ist dafür beispielhaft: Ist dieses Menschenbild tatsächlich eine erfahrungsnahe und auch erkennbare Größe?

> Jede Sinnsuche beginnt auch pädagogisch bei den Sinnen; insofern bedarf Sinnerfahrung ständig neu einer begleitenden, stützenden Sinn- und Raumkultur – und sei es nur, damit „das Auge ausruhen kann" (A. Krenz).

Von all dem ist der situationsorienterte Ansatz ausdrücklich mitbetroffen. Denn „Situationen“ in seinem Sinne können nicht nur zeitlich, lebensgeschichtlich verstanden werden, sie schließen gleichzeitig auch lebensräumliche Komponenten mit ein: Situationsorientierung bedeutet stets Raumorientierung.

Situationsorientierung ist Raumorientierung

> Frühpädagogik in diesem Sinne schafft Sinn- und Lebensräume, lässt sie zu, gestaltet sie, und eine solche kreative Gestaltung ist ein wesentlicher Bestandteil des pädagogischen Handelns. „Situationen“ wirken so sinn- und wertorientierend.

Vielleicht kann dieser Aspekt verdeutlichen, dass der situationsorientierte Ansatz nicht nur einfach eine „neue“ pädagogische „Methode“ ist. Dieser Ansatz schließt vielmehr eine eigene Art des Wechselbezuges von Lebenstranszendenz, Lebenstransparenz und Lebensraum mit ein.

d) Kontinuität und Kreativität

Der Einzelne ist nicht nur eine individuelle und soziale, sondern auch eine geschichtliche Persönlichkeit. Er hat nicht nur eine eigene Lebensgeschichte, sondern das persönliche Geschick wird auch von *der Geschichte* mitbestimmt: Es gibt keine Gegenwart ohne Vergangenheit. Die gemeinsame historische Vergangenheit ist ein Faktum, dem sich niemand entziehen kann, das jeden immer wieder aufs Neue einholt. Diese Tatsache kann für den Einzelnen zum Schicksal werden, in das er hineingeboren wird; sie bietet aber auch eine lebensgeschichtliche Chance.

Eingebunden in die Geschichte

Die – teilweise bitteren – Erfahrungen der letzten Jahrzehnte haben vieles fragwürdig werden lassen. Mitunter stellt sich gar die Frage, ob es überhaupt noch einmal möglich sein wird, eine umgreifende, verbindende und verbindliche Deutung menschlicher Lebens- und Sinngeschichte zu geben. Eines aber lässt sich m. E. festhalten: Anthropologische Anregungen müssen sich daran messen lassen, wie sie mit der Geschichte umgehen, und dieser Umgang bestimmt die sittliche Glaubwürdigkeit ihres

Menschenbildes. Kritische Erinnerung und Verantwortung werden damit zu unverzichtbaren Prinzipien heutiger Lebens- und Sinnentwürfe. Kontinuität und Kreativität, Erinnerung und Verantwortung gehören damit auch zu den Grundzielen und Grundfunktionen jedes pädagogischen Tuns.

Anfragen

Wie partnerschaftsbereit und -fähig zeigt sich hier der situationsorientierte Ansatz? Seine Ziele und Wege stehen erkennbar im Dienst der kindlichen Kreativität und entscheiden sich dabei für die Kreativität der „Situation". Insofern ist dieser frühpädagogische Zugang tatsächlich „biografisch" – und das eben nicht nur im Blick auf das Kind, sondern gleichzeitig auch für alle anderen in und mit der „Situation" angesprochenen Partner des Kindes. Dass damit auch kritische Erinnerung und ein Verantwortungsethos konzeptionell und inhaltlich eingebunden bleiben, ist einsichtig, aber inwieweit ist damit auch das gewährleistet, was hier mit geschichtlicher Kontinuität umschrieben wird – und zwar nicht nur im Blick auf die Lebensgeschichte des Einzelnen, sondern unter Berücksichtigung der gemeinsamen historischen Vergangenheit? Dieser Aspekt kommt bisher auf keiner Ebene des situationsorientierten Ansatzes zur Sprache.
Dieser „weiße Fleck" kann seinen Grund darin haben, dass der situationsorientierte Ansatz zu wenig Platz für ökosoziale Überlegungen lässt, die nicht nur eine zwischenmenschliche „Vernetzung" beachten, sondern auch die „Eingebundenheit" aller erkennbaren persönlichen Lebensumstände, institutioneller Größen und „ideologischer" Perspektiven mit bedenken. Deshalb sollte sich der situationsorientierte Ansatz einige Fragen stellen:

> Inwieweit lassen sich erfahrungsgeschichliche Einsichten – auch aus der pädagogischen Geschichte – in die Ziele und Wege des situationsorientierten Ansatzes einbringen? Wie (sozial-)„politisch" ist dieser Ansatz? Welche erhellende, weckende Kraft bietet in dieser Hinsicht die einzelne „Situation"? Situationen sind ja keine lebensgeschichtlichen Inseln für die Beteiligten. Wie weit aber reicht ihre gesellschaftliche Wirkkraft? Gehört eine solche „politische" Sensibilität nicht mit zur Öffnung eines heutigen Kindergartens?

Mein Eindruck ist allerdings der, dass der situationsorientierte Ansatz solchen Fragen durchaus standhalten könnte, auch wenn er sie bisher noch nicht aufgeworfen hat. Eine Antwort auf solche Fragen würde sicherlich zur Erhellung der eigenen angestrebten Ziele und zur Klärung der gegenwärtigen Diskussion in der Frühpädagogik beitragen.

e) Auf der Suche nach neuen Orientierungsmustern

Die bisher aufgezeigten „Perspektiven" können der Frühpädagogik sicher dienlich sein und ihre situationsorientierten Bemühungen erhellen. Die Frühpädagogik sollte jedoch, will sie nicht ins Hintertreffen geraten, auch noch andere Aspekte der gegenwärtigen geistesgeschichtlichen Auseinandersetzung kennen und auf ihre Relevanz prüfen.

Postmoderne Erwägungen

Die Rede von der „Postmoderne" hat ihren Ursprung in der Architektur. Sie kennzeichnet dort die Tatsache, dass gegenwärtig von einem einheitlichen Baustil kaum die Rede sein kann; vielmehr zeigt bereits jede Straße eine Vielfalt von Baustilen, die nebeneinander ihren Platz haben. Es gibt keinen allgemein verbindenden „Stil" mehr wie z. B. in der Romantik oder Gotik, in der Renaissance und im Barock. Vielmehr ist die ästhetische Pluralität Ausdruck der Gegenwart, eben der „Postmoderne".
Diese Entwicklung gilt nicht nur für Architektur. Die vergangenen Jahrzehnte und Jahrhunderte haben gezeigt, dass immer wieder politisch und geistesgeschichtlich, weltanschaulich und ökonomisch versucht wurde, von einem Aspekt her menschliche Existenz zu verstehen und menschliche Lebensentwürfe zu vermitteln. Dazu gehören beispielsweise die verschiedenen Überlegungen seit der Aufklärung, also der Rationalismus, der Idealismus und der Materialismus, der Kapitalismus und der Sozialismus usf. Dazu gehören auch religiös-kirchliche Aussagen über ein „christliches Menschenbild". Alle diese Bemühungen sind gescheitert – nicht nur intellektuell, sondern vor allem politisch und human. Denn immer wieder kam es angesichts solcher Entwürfe zu inhumanen Katastrophen, die vielen Menschen, oft ganzen Völkern Heimat und Leben gekostet haben. Die kriegerischen und kolonialen Auseinandersetzungen in diesem Jahrhundert und ihre Folgen veranschaulichen diese Einsicht in erschreckender Weise. Wenn es heute tatsächlich (noch) eine humane

Ordnung geben soll, dann kann sie nur so verwirklicht werden, dass die Vielfalt möglicher Lebens- und Sinnentwürfe zur Kenntnis genommen und akzeptiert wird.

> Postmoderne Überlegungen bieten ein Bild vom Menschen, das einer Straße mit unterschiedlichen Häusern aus unterschiedlichen Epochen gleicht.

Es ist allerdings fraglich, ob solche Perspektiven pädagogisch entscheidungs- und handlungsfähig machen. Denn die Weite und Offenheit, die so „postmodern" angeraten wird, scheint alle Beteiligten zu überfordern.

Der Andere als „Maß"

Eine andere Orientierung für das pädagogische Handeln bietet E. Lévinas (1906–1995). Auch er geht, wie die „Postmoderne", von den Katastrophen dieses Jahrhunderts, besonders vom Holocaust des jüdischen Volkes aus und bedenkt dabei als Jude alttestamentliche und rabbinische Einsichten.[1] Nach E. Lévinas war die sog. „abendländische" Geschichte bisher eine Geschichte der Selbstverwirklichung des Einzelnen. Diese Subjektivität, die immer vom eigenen Ich ausgeht, bestimmt bis heute jedes „westliche" Menschenbild. Diesem „Ich" wurde und wird alles zugeordnet, alles dienlich gemacht. Das Ergebnis eines solchen Menschenbildes ist die Vereinsamung, die Einsamkeit, ein Ungenügen an sich selbst. Was Lévinas mit dieser Einschätzung der abendländischen Geistes- und Sinngeschichte meint, lässt sich – ohne dass Lévinas selbst diese „Situation" nennt – an der biblischen Schöpfungsgeschichte (Gen 2,18–20) veranschaulichen:[2]

Beispiel Schöpfungsgeschichte

Gott erkennt, dass es für den Menschen, für Adam, nicht gut ist, dass er allein ist. So erschafft er die Tiere und führt sie dem Menschen zu, „um zu sehen, wie er sie benennen würde". Adam gibt allen Tieren ihren Namen – diese ordnende Geste ist zugleich eine Herrschaftsgeste, eine

---

1) Als gute Einfühung in das Denken von E. Lévinas sei hier auf W. N. Krewani, Emmanuel Lévinas. Denker des Anderen, Freiburg/München 1992, hingewiesen.

2) Ein solcher Zugang zu den Gedanken von Lévinas ist insofern berechtigt, als sich für ihn selbst als Rabbi und Philosoph Glauben und Denken nicht voneinander trennen lassen.

Geste der Machtausübung: Adam bestimmt durch die Namensgebung „subjektiv" den Platz, den die Tiere in seinem Leben einnehmen. Aber der Mensch bleibt trotzdem allein: „Aber eine Hilfe, die dem Menschen entsprach, fand er nicht", heißt es im biblischen Text.
In dieser „Situation" sieht Lévinas das Schicksal des Menschen, dessen Suchbewegung bisher nur auf Selbstverwirklichung zielt:

> Der Mensch ordnet sich zwar anderes Leben zu und übt so Macht aus, gerät dabei aber in die Knechtschaft der eigenen Subjektivität und Einsamkeit.

Wie lässt sich diese Ich-Bezogenzeit durchbrechen? Werfen wir zunächst noch einmal einen Blick auf die biblische Geschichte von Adam (Gen 2,21 ff): Gott lässt Schlaf über Adam kommen; was nun geschieht, bleibt für den Menschen unzugänglich, geheimnisvoll. Es ist die Frau, Eva, die Gott ihm zuführt und die den Menschen zutiefst betroffen macht, wie der Text ausdrücklich zeigt. Adam sieht und erkennt in „Eva" menschliche Andersartigkeit und lässt sie gelten.
Die Erzählung vermittelt auf die ihr eigentümliche, archetypische Weise eine wichtige Einsicht:

> Die Anerkennung des Anderen und Respektierung der Andersartigkeit des menschlichen Gegenübers wandelt auch den Menschen selbst: Aus dem „Menschen" Adam wird der „Mann" Adam. Erst die Achtung vor dem Anderen, vor dem zuerst „Fremden", dann aber doch bald Vertrauten befreit aus der Einsamkeit und aus der Enge der Subjektivität.

Eine Befreiung aus der Knechtschaft seiner Ich-Bezogenheit gewinnt der Mensch erst in dem Augenblick, indem er den Anderen als Mit-Menschen respektiert. Wie geschieht ein solcher Respekt? Nach Lévinas durch den „Blick", durch die Begegnung mit dem „Antlitz" des Anderen, durch die Erfahrung von Angesicht zu Angesicht – indem der Mensch sein Gegenüber gelten, sich von ihm „ansprechen" lässt.
Die moralische Situation wird also nicht durch Werte an sich bestimmt, sondern durch den Anderen, der mir begegnet, der mich an-geht und an-

spricht, ihn zu helfen, ihn zu schützen, ihn nicht zu verletzen. Dieses Signal wird für mich in der Begegnung, im „Antlitz“ des Anderen gesetzt. Das Antlitz des Anderen ist ein Appell zur Verantwortung. Seine Botschaft lautet: „Du sollst nicht töten!“

Beispiel Kain und Abel

Dieser Appell erinnert wiederum an eine Situation in der biblischen Anfangsgeschichte der Menschheit, die für die Aufforderung zur Verantwortung für den Anderen beispielhaft geworden ist – an den Streit zwischen den beiden ersten Brüdern, zwischen Kain und Abel (Gen 4,1–16): Beide Brüder opfern, doch „der Herr schaute auf Abel und sein Opfer“. Der folgende Text veranschaulicht treffend, was Lévinas mit seinem Wort vom „Antlitz“ meint: „Da überlief es Kain ganz heiß, und sein Blick senkte sich“, heißt es im biblischen Text. Kain verweigert in Zorn und Neid den Blick. Er kann den „Anderen“, seinen Bruder Abel, nicht gelten lassen, und so führt die Verweigerung, dem „Antlitz“ seines Bruders zu begegnen, also eine Verweigerung der brüderlichen Liebe, mit dem darauf folgenden Mord auch zu einer weiteren Verweigerung, nämlich der der Verantwortung: „Bin ich denn der Hüter meines Bruders?“, antwortet Kain trotzig auf die Frage Gottes nach seinem Bruder Abel[3].
Es ist offensichtlich: Lévinas kann in seinen Überlegungen nicht vom Holocaust absehen. Aber er belässt es nicht bei der Klage, sondern sieht in der Zuwendung zum Anderen und in der Verantwortung für ihn einen Weg aus der Knechtschaft der Ich-Bezogenheit.

Die Frage nach dem Menschenbild geht nicht mehr von der Selbstbestimmung des Einzelnen, also von seiner „Subjektivität“ aus, sondern blickt auf den „Anderen“. Ohne diese Hinwendung bleibt der Mensch der Kreisbewegung um sich selbst verhaftet.

Erst in der liebenden Akzeptanz und in ethischer Verantwortung, also dem „Antlitz des Anderen“ zugewandt, überschreitet humane Existenz ihre Grenzen und findet Bestand, ohne Mit-Mensch und Natur zu bedrängen.

---

3) Bezeichnend für die Wirkungsgeschichte dieses Geschehens ist, dass nach der erzählerischen Überlieferung der Rabbinen dem Mord ein Disput der beiden Brüder über die Ordnung bzw. über die Teilung der Welt vorausging. Damit gewinnt das zwischenmenschliche Geschehen geradezu kosmische Dimensionen für Zeit und Raum.

f) Anregungen zu einer gewandelten anthropologischen Orientierung im Blick auf den situationsorientierten Ansatz

Nach diesem langen Weg stellt sich die Frage, welche Zugänge solche anthropologischen Überlegungen (besonders aus der Sicht von E. Lévinas) einer heutigen Frühpädagogik für ihr eigenes Tun aufzeigen können. Darum soll es abschließend gehen – und zwar im Blick auf die unterschiedlichen Ebenen situationsorientierten und ökosozialen Handelns.
Für alle folgenden Anregungen gilt: In der Frühpädagogik sind anthropologische und ethische Erwägungen aufs engste miteinander verbunden, lassen sich Entscheidungen zum Menschenbild und zur Werteorientierung nicht voneinander trennen. Diese Einschätzung schlägt sich in der praktischen Arbeit im Kindergartenbereich nieder.

Beziehungsebene

Anregungen im Blick auf die *Beziehungsebene*:

(1) In der Kindergartenarbeit begegnet das Kind als „der Andere". Es darf nicht Objekt pädagogischer Zielsetzungen oder Maßnahmen sein; es wird nicht zu- oder eingeordnet, sondern bestimmt sich als Subjekt (möglichst) angstfrei selbst.

(2) Das Kind nimmt das „andere Du" wahr, erlebt es von Angesicht zu Angesicht: „Mein Blick begegnet dem des Anderen" – um in der bildhaften Sprache von Lévinas zu bleiben. In dieser dialogischen Unmittelbarkeit und Erlebnisnähe der einzelnen „Situation" wurzelt ein soziales und sittliches Lernen.

(3) Auch für die Beziehung: Erwachsene – Kinder im Kindergarten gilt die Einschätzung: Je stärker die einen ihre „Subjektivität" leben, um so schmerzhafter werden die anderen zu „Objekten". Situationsorientiert kann es nicht alleine um eine veränderte Sicht des Kindes gehen; vielmehr muss gleichzeitig auch das Selbst- und Rollenverständnis derer überdacht werden, die dem Kinde als „Andere" begegnen. Dazu gehört sicherlich von Seiten der Erwachsenen eine persönliche biografische Anamnese (Bewusstmachung des eigenen Lebenslaufs) und eine Klärung der pädagogischen Ziele bzw. der Erwartungen an die Kindergartenarbeit. Geschieht dies nicht, so bleibt die Dominanz der „Subjektivität" bestehen, die ja immer noch für zahlreiche sog. „Lernprozesse" pädagogisch kennzeichnend ist.

Menschenbild

Im Blick auf ein *Menschenbild*, das frühpädagogische Ziele und Wege leiten soll, bieten sich folgende Impuse an:

(4) Die Ethik ist der Prüfstein eines jedes Menschenbildes. Pädagogisch gesehen ist darum Werteorientierung nicht nur die Einführung in eine Gesinnung oder Gesittung, sondern auch die Erfahrung von Werten – eben in der „Situation“ des konkreten sittlichen Handelns.

(5) Im Menschenbild, um das sich Lévinas in der Hinwendung zum „Anderen“ bemüht, übernimmt die Verantwortung für oder besser: um den Anderen eine gewichtigte Funktion. Es geht dabei nicht nur um Akzeptanz des Anderen („Liebe“), sondern auch und weiter ausgreifend um dessen Lebens-Chance: Nicht jeder „Blick“ befreit; es gibt auch den Blick, in dessen Nähe alles Menschliche erkaltet. Verantwortung ist darum nicht nur eine persönliche sittliche Einstellung oder ein ethisches System, sondern vor allem eine sittliche Grundeinstellung, der es um die Lebensmöglichkeiten, um die Lebenschancen des Kindes geht. Vielleicht bieten die sog. „Situationen“ pädagogisch hier einen Spiel-, einen Entdeckungsraum – und zwar nicht nur für die Kindergartenzeit, sondern auch über sie hinaus.

Netzwerk und Trägerschaft

Solche Überlegungen bleiben unvollständig, sind unrealistisch, wenn nicht auch die sog. „mittlere Ebene“ der Einrichtung und der *Trägerschaft* mit angesprochen wird:

(6) Ein charakteristischer Grundzug des situationsorientierten Ansatzes ist die Vernetzung der frühpädagogischen Arbeit. Gleichzeitig ist der Kindergarten selbst ein Netzwerk. Alle pädagogischen Appelle an die Beziehungsebene und alle Bemühungen um ein Menschenbild bleiben unwirksam, wenn nicht auch für die Einrichtung als ganze, für deren Strukturen und funktionale Entscheidungen, wenn nicht auch für den Träger selbst „der Ernst des Anderen“ im Sinne von Lévinas gilt. Denn schließlich gibt es, wie die lebensgeschichtliche und pädagogische Erfahrung lehrt, auch so etwas wie eine „Subjektivität von Institutionen“, deren Selbstbezug kein „Antlitz“ zeigt, keinen „Blick“ zulässt und manchen Ruf des „Anderen“ übertönt.

3. „Heute ist diesem Haus das Heil geschenkt worden“ Bibeltheologische Erwägungen

Franz-Josef Hungs

Der christliche Theologe ist niemals nur „Theoretiker“, sondern immer auch „Praktiker“, und das in einem doppelten Sinne: Einmal bildet die Botschaft Jesu als *heilende, befreiende Praxis* die Mitte seiner Überlegungen, zum anderen bezieht sich seine fachliche Reflexion auf die *Glaubenspraxis des Einzelnen und der gesamten Kirche*. Insofern ist auch die Lebenspraxis für die Theologie nicht ein pastorales oder katechisches „Anwendungsfeld“, sondern bleibt der Ernstfall, an dem offenbar wird, was das Evangelium ist und was Nachfolge Jesu für den Christen meint. Daher ist es auch verständlich, dass situationsorientierte Erfahrungen und ökosoziale Einsichten zur Frühpädagogik für den Theologen von Interesse und von Bedeutung sind.
Ziel der folgenden Erwägungen ist es nicht, situationsorientiertes Arbeiten für den Kindergarten theologisch zu begründen oder im Blick auf eine kirchliche Trägerschaft zu rechtfertigen; vielmehr geht es darum, Anregungen zu übernehmen und sie theologisch zu erproben. Deshalb gilt:

> Die folgenden Erwägungen wollen nicht kirchliches Glaubensgut veranschaulichen, sondern Grundsituationen der Evangelien aufsuchen – also dorthin schauen, wo „Situationen“ der Botschaft Jesu und des kirchlichen Glaubens zu finden sind.

In einem ersten Teil werden im Folgenden einige solcher „Situationen“ beispielhaft vorgestellt, kurz bibeltheologisch erläutert und dann in ihrer situationsorientierten und ökosozialen Bedeutung erschlossen. Daran schließen sich in einem zweiten Teil theologische Überlegungen zur Werteorientierung für die heutige Kindergartenarbeit an.

a) Biblische Grundsituationen[1]

Jesu heilt einen Bessesenen

Der Evangelist Markus berichtet (Mk 1,21.23–28):

> Sie kamen nach Kafarnaum. Am folgenden Sabbat ging Jesus in die Synagoge und lehrte.
> In ihrer Synagoge saß ein Mann, der von einem unreinen Geist besessen war. Der begann zu schreien: Was haben wir mit dir zu tun, Jesus von Nazaret? Bist du gekommen, um uns ins Verderben zu stürzen? Ich weiß, wer du bist: der Heilige Gottes.
> Da befahl ihm Jesus: Schweig und verlass ihn!
> Der unreine Geist zerrte den Mann hin und her und verließ ihn mit lautem Geschrei.
> Da erschraken alle, und einer fragte den anderen: Was hat das zu bedeuten? Hier wird mit Vollmacht eine ganz neue Lehre verkündet, sogar die unreinen Geister gehorchen seinem Befehl.
> Und sein Ruf verbreitete sich rasch im ganzen Gebiet von Galiläa.

Dieses Geschehen in der Synagoge hat auf den ersten Blick nun wirklich nichts mit der „Welt des Kindes", mit dem Kindergarten zu tun. Aber es handelt sich – aus bibeltheologischer Sicht – um eine *Situation.* Sogar um eine besondere: Es ist die erste heilende Begegnung zwischen Jesus und einem Menschen, von der bei Markus, der das erste der Evangelien geschrieben hat, die Rede ist. An diesem Geschehen wird offenkundig, worum es in der „Lehre" Jesu und bei seinem Wirken geht:

- Gott befreit den Menschen aus der Knechtschaft.
- Der Mensch ist nach dem Willen Gottes „Herr seiner selbst".

Jesus lehrt nicht nur. Was er lehrt, tut er auch. Er spricht nicht nur von der heilenden und befreienden Botschaft Gottes, er heilt auch den besessenen Mann. Am Tun selbst wird erst so recht die Botschaft Jesu offenbar. Gerade diese „Heilstaten" wurden von den Zeugen rasch weitererzählt. *Am konkreten Geschehen,* in dieser für Mk wahrhaftig nicht zufälligen *Situation,* wird Gottes Güte offenbar; sie wird in seinem Sinne so auch

---

1) Vgl. zum Folgenden: F. J. Hungs, Sozialarbeit in christlicher Verantwortung, Caritas 6/1986(87), S. 282–287.

Teil unseres Lebens. Die Begegnungs- und Heilsgeschichten in den Evangelien wollen keine Lehre „veranschaulichen", sondern sind selbst Botschaft, *konkret* und *praktisch* – *„vor Ort"* und *„situationsorientiert".*

Mit Blick auf den situationsorientierten Ansatz scheinen mir folgende Punkte von Bedeutung:

(1) Die „Situation" in der Synagoge von Kafarnaum „verbreitet" sich, sie wird weitererzählt. Die Erzählung berichtet aber nicht nur von Vergangenem, sie will vielmehr vor allem dazu ermutigen, die eigene Situation des Heiles und der Befreiung zu erkennen.

(2) Damit ist gleichzeitig der persönliche „ökosoziale" Kontext angesprochen; hier sind es die Bewohner der Stadt Kafarnaum, die miterleben, was einem von ihnen geschieht – und „das ganze Gebiete von Galiläa", also die Heimat Jesu erfährt davon. „Situation" und „Ort", Individualität und Sozialisation sind aufs engste miteinander verwoben.

(3) Das Geschehen vermittelt auch einen unverwechselbaren „Inhalt": Die Heilung eines sog. „Besessenen", eines Menschen, von dem ein anderer, ein „Dämon", Besitz ergriffen hat. Das Heil dieses Menschen besteht darin, dass er nun nicht mehr „fremdgesteuert" ist, sondern dass er (wieder) für sich selbst einstehen kann. Die Würde des Menschen besteht in seinem Selbststand, in seiner Persönlichkeit.

(4) Endlich wird die Würde des Einzelnen als Wert nicht lehrhaft vermittelt, sondern durch ein konkretes, sinnenfälliges Geschehen. *„Lebenssinn"* eröffnet sich für den Evangelisten offenkundig weniger auf dem Weg vernünftiger Einsicht als von den *Sinnen* her.

Jesus hilft einem Aussätzigen

Eine weitere charakteristische Begebenheit schildert Markus in seinem Bericht von der Heilung eines Aussätzigen (Mk 1,40–42.45a):

> Ein Aussätziger kam zu Jesus und bat ihn um Hilfe; er fiel vor ihm auf die Knie und sagte: Wenn du willst, kannst du machen, dass ich rein werde. Jesus hatte Mitleid mit ihm; er streckte die Hand aus, berührte ihn und sagte: Ich will es – werde rein!
> Im gleichen Augenblick verschwand der Aussatz, und der Mann war rein. (...) Der Mann aber ging weg und erzählte bei jeder Gelegenheit, was geschehen war.

Bisweilen wird die Frage gestellt, warum Jesus nicht alle Kranken seiner Zeit geheilt hat; darauf gibt es keine plausible Antwort. Bezeichnend ist allerdings, *welche* Krankheiten er heilt. Hier ist es ein Aussätziger: Aussätzige wurden damals aufgrund ihrer Krankheit aus der Gesellschaft ausgeschlossen.
Wenn Jesus einen solchen Kranken heilt, macht er ihn nicht nur gesund, sondern ermöglicht ihm gleichzeitig wieder die Rückkehr in die Familie und in die Gesellschaft. Die Zeit seiner Ausgrenzung ist beendet.
Nach dem Text geschieht das alles mit der Mächtigkeit des göttlichen Schöpfungswortes: „Ich will es – werde rein!", ähnlich dem Wort: „Gott sprach: Es werde Licht. Und es wurde Licht. Gott sah, dass das Licht gut war" (Gen 1,3 f). Daraus gewinnt auch die Heilungsaussage ihre schöpferische Qualität. Der eben noch Kranke ist eine neue Schöpfung geworden.

Für unsere Fragestellung ist hier wesentlich:
(1) Es handelt sich wieder um eine „Situation", die über sich selbst hinaus, auf uns, weist. Erneut hat das Wirken Jesu „ökosoziale" Dimensionen. Das, was Gott dem Menschen wünscht, schließt auch dessen soziale Lebenswelt mit ein. So gewinnt das Handeln Jesu sein charakteristisches „Gütezeichen". Insofern ist die Heilstat Jesu nicht einfach „übertragen" zu sehen; sie meint vielmehr die konkreten Lebensumstände des Einzelnen.
(2) Eine soziale Ausgrenzung hat im Wirken Jesu keinen Platz. Dieses Nein zur Ausgrenzung ist darum auch ein Grundzug von „Kirche", wenn diese sich auf Jesus und seine Botschaft beruft.
(3) Anders als bei der Besessenenheilung ist es hier der Geheilte selbst, der die Güte Gottes im Wirken Jesu bezeugt. Für den ehemals Aussätzigen wird das *eigene Lebensgeschick* zum Zeugnis für die Botschaft Jesu. Er berichtet nicht etwas Fremdes, sondern das Eigene; er erläutert nicht eine Lehre, sondern erzählt sein Leben. Was so in einer „Situation" begonnen hat, prägt von nun an die gesamte Lebensgeschichte eines Menschen – sicherlich nicht nur eine theologische Zusage, sondern auch ein sittlicher Appell.

Jesus richtet eine gekrümmte Frau auf

Ist der theologische Blick erst einmal geschärft, bieten sich immer wieder neue „Situationen" in den Evangelien an, so auch das Geschehen um die gekrümmte Frau (Lk 13,10–17):

> Am Sabbat lehrte Jesus in einer Synagoge. Dort saß eine Frau, die seit achtzehn Jahren krank war, weil sie von einem Dämon geplagt wurde; ihr Rücken war verkrümmt, und sie konnte nicht mehr aufrecht gehen.
> Als Jesus sie sah, rief er sie zu sich und sagte: Frau, du bist von deinem Leiden erlöst. Und er legte ihr die Hände auf. Im gleichen Augenblick richtete sie sich auf und pries Gott.
> Der Synagogenvorsteher aber war empört darüber, dass Jesus am Sabbat heilte, und sagte zu den Leuten: Sechs Tage sind zum Arbeiten da. Kommt also an diesen Tagen und lasst euch heilen, nicht am Sabat!
> Der Herr erwiderte ihm: Ihr Heuchler! Bindet nicht jeder von euch am Sabbat seinen Ochsen oder Esel von der Krippe los und führt ihn zur Tränke? Diese Tochter Abrahams aber, die der Satan schon seit achtzehn Jahren gefesselt hielt, sollte am Sabbat nicht davon befreit werden dürfen?
> Durch diese Worte wurden alle seine Gegner beschämt; das ganze Volk aber freute sich über all die großen Taten, die er vollbrachte.

Auch hier geht es zunächst wieder um einen „besessenen" Menschen. Die Folge der hier gezeichneten „dämonischen" Besitznahme ist keine psychische, sondern eine physische: Die Frau ist gekrümmt. Dieser Bericht des Evangelisten Lukas bietet aber zusätzliche Nuancen, die für einen situationsorientierten Ansatz erhellend sein können.
So ist die Frau seit 18 Jahren behindert. Es geht hier, in dieser „Situation", um eine zeichenhafte Aussage: Denn die Zahl 18 versteht sich als 3x6, und der 6. Schöpfungstag ist der Tag der Erschaffung des Menschen (vgl. Gen 1,24 ff).
Die Frau in der Synagoge wird in ihrer langjährigen Gekrümmtheit somit zum Zeichen der unerlösten Menschheit, der nun endlich durch Jesus der gottgewollte Frieden zuteil wird: Sabbat-Existenz, erlöste Existenz ist aufgerichtete Existenz.

Charakteristisch für das Jesus-Bild des Evangelisten ist, wie „der Herr" die Frau aufrichtet: Er spricht sein erlösendes Wort, er sucht aber auch die Nähe zu diesem Menschen. Jesus berührt die Frau. Neben die befreiende Mächtigkeit des Wortes tritt gleichgewichtig die Warmherzigkeit des Gemütes. Wort und Gemüt zusammen machen aus der ehemals gezeichneten Frau eine „Tochter Abrahams"; so wird sie voll in das „Reich Gottes" integriert.
Schließlich ist es angebracht, auf das Echo zu achten, das ein solches Handeln Jesu hervorruft. Es ist zwiespältig: Während die einen scheinbar plausible Gegenargumente vorbringen, freuen sich die anderen. Auf jeden Fall führt das Handeln Jesu zu einer Unterscheidung der Geister. Dabei ist offensichtlich, dass der Evangelist dem „Volk" und damit der Sabbat-Freude zuneigt.

Hinsichtlich einer situationsorientierten „Anwendung" dieser biblischen Situation geht es hier vornehmlich um „Stilfragen" der Wahrnehmung und des Verhaltens:

(1) Pädagogisches Handeln ist aus dieser Sicht immer auch sinnenhaft vermittelt. Diese Sinnenhaftigkeit erläutert nicht ein Geschehen, sondern ermöglicht es – und das für alle Beteiligten.
Eine situationsorientierte und ökosozial geleitete Pädagogik muss sich fragen lassen, wie sie es mit dieser Eigenart ihrer „Situationen" und deren Umfeld hält. Es kann aus dieser Sicht nicht alleine darum gehen, Kindern Lerninhalte schneller oder leichter oder anschaulicher zu vermitteln, sondern ihnen auf einem eigenen Weg der Wahrnehmung und der Erschließung zu folgen.

(2) Die Grundlage dafür ist die Nähe – nicht nur ökosozial gegeben und genutzt, sondern auch geschaffen. Damit bekommt der Kindergarten als „Ort", als „Raum" für Nähe ein besonderes Gewicht. Seine Aufgaben sind sicherlich zunächst einmal bedarfsdeckend, sie übernehmen gleichzeitig aber auch bedarfsweckende Funktionen. Die pädagogischen Fragen, die sich daraus ergeben, richten sich nicht alleine an das Personal eines Kindergartens, sondern auch an eine (kirchliche) Trägerschaft und deren Interessen.

Jesus begegnet dem Zöllner Zachäus

Es ist wiederum der Evangelist Lukas, der uns von der Begegnung zwischen Jesus und dem Zöllner Zachäus berichtet (Lk 19,1–10):

> Dann kam Jesus nach Jericho und ging durch die Stadt. Dort wohnte ein Mann namens Zachäus; er war der oberste Zollpächter und war sehr reich.
> Er wollte gern sehen, wer dieser Jesus sei, doch die Menschenmenge versperrte ihm die Sicht; denn er war klein. Darum lief er voraus und stieg auf einen Maulbeerfeigenbaum, um Jesus zu sehen, der dort vorbeikommen musste.
> Als Jesus an die Stelle kam, schaute er hinauf und sagte zu ihm: Zachhäus, komm schnell herunter! Denn ich muss heute in deinem Haus zu Gast sein. Da stieg er schnell herunter und nahm Jesus freudig bei sich auf. Als die Leute das sahen, empörten sie sich und sagten: Er ist bei einem Sünder eingekehrt. Zachhäus aber wandte sich an den Herrn und sagte: Herr, die Hälfte meines Vermögens will ich den Armen geben, und wenn ich von jemand zu viel gefordert habe, gebe ich ihm das Vierfache zurück.
> Da sagte Jesus zu ihm: Heute ist diesem Haus das Heil geschenkt worden, weil auch dieser Mann ein Sohn Abrahams ist. Denn der Menschensohn ist gekommen, um zu suchen und zu retten was verloren ist.

Diese Begegnungsgeschichte enthält in den abschließenden Worten Jesu einen Begriff, der biblisch und besonders häufig bei Lukas eine „Situation" kennzeichnet; es ist das Wort „heute". Dieses „Heute" fordert den Hörer oder Leser auf, diese Erzählung nicht nur als „Reise in die Vergangenheit" wahrzunehmen. Dieses „Heute" meint zugleich die Situation der eigenen Gegenwart.

Doch zuerst einige Informationen und Bemerkungen zum Gang der Ereignisse: Die römische Besatzungsmacht hatte Zollstätten ausgeschrieben und dabei die Höhe der zu zahlenden „Miete" im voraus festgelegt. Verständlicherweise war diese Einschätzung willkürlich. Der Pächter der Zollstätte musste diesen Schätzbetrag erbringen; was er darüber hinaus erbrachte, ging zu seinen Gunsten. Selbst unter finanziellem Druck, gab der Zöllner diesen Druck an die Bevölkerung weiter. Deshalb war er beim

Volk auch verhasst. So wird der Zöllner zum Bild eines Menschen, der „in der Sünde bleibt". Mag Zachäus sich auch bereit erklären, zu viel Gefordertes zurückzugeben – er wird es schon deshalb nicht können, weil zu viele Menschen die Zollstätte passieren und er dem Einzelnen nicht nacheilen kann. Daher auch die hilflose Bereitschaft des Zachäus: „... und wenn ich von jemand zu viel gefordert habe, gebe ich ihm das Vierfache zurück". Er ist und bleibt ein „Sünder".
Die Selbsteinladung Jesu bei Zachhäus ist daher für die anderen ein Ärgernis und provokant. Doch dabei bleibt es nicht: Jesus bezeichnet auch diesen von der Gesellschaft geächteten Menschen als einen „Sohn Abrahams". Damit ist Zachäus nicht nur selbst „gesegnet", sondern er wird auch zum „Segen" für andere – wie einst Abraham (vgl. Gen 12,1 ff).
In der Bildhaftigkeit des Geschehens zeigt sich die Mitte der Botschaft Jesu; die „Situation" vergegenwärtigt sein Evangelium.

Dieser Bericht kann in mehrfacher Hinsicht für die gegenwärtige pädagogische Diskussion exemplarisch sein:

(1) Es geht ganz deutlich um Skizzierung ökosozialer Realität, und das dargestellt an einer typischen Situation. Das Stichwort dafür ist die berufliche und gesellschaftliche Ächtung des Zachäus.
Jesus ändert diesen Umstand insofern, als er dem Zachäus für seinen „Platz", in seinem „Haus" eine Heilszusage macht. Es gibt von nun an einen Ort, eine Gruppe von Menschen, denen dieser Mann zum „Segen" wird.

(2) In diesem Geschehen selbst wiederum gibt es zwei Situationen, die jeweils geprägt werden von einem bestimmten Ort: Es ist einmal der *Baum* und dann das *Haus.*
Jede Situation hat so ihren eigenen unverwechselbaren Ort; jeder Ort wird zum Träger des Ganzen, nämlich einer Sinngebung und neuen Lebenperspektive.

Zum Abschluss unserer biblischen Beispiele eine „Situation" aus dem Johannesevangelium (Joh 8,2–11):

Jesus und die Ehebrecherin

> Am frühen Morgen begab Jesus sich wieder in den Tempel. Alles Volk kam zu ihm. Er setzte sich und lehrte es.
> Da brachten die Schriftgelehrten und die Pharisäer eine Frau, die beim Ehebruch ertappt worden war. Sie stellten sie in die Mitte und sagten: Meister, diese Frau wurde beim Ehebruch auf frischer Tat ertappt. Mose hat uns im Gesetz vorgeschrieben, solche Frauen zu steinigen. Nun, was sagst du? Mit dieser Frage wollten sie ihn auf die Probe stellen, um einen Grund zu haben, ihn zu verklagen.
> Jesus aber bückte sich und schrieb mit dem Finger auf die Erde.
> Als sie hartnäckig weiterfragten, richtete er sich auf und sagte zu ihnen: Wer von euch ohne Sünde ist, werfe als erster einen Stein auf sie. Und er bückte sich wieder und schrieb auf die Erde. Als sie seine Antwort gehört hatten, ging einer nach dem anderen fort, zuerst die Ältesten.
> Jesus blieb allein zurück mit der Frau, die noch in der Mitte stand. Er richtete sich auf und sagte zu ihr: Frau wo sind sie geblieben? Hat dich keiner verurteilt? Sie antwortete: Keiner, Herr. Da sagte Jesus zu ihr: Auch ich verurteile dich nicht. Geh und sündige von jetzt an nicht mehr.

Wieder wird die „Lehre" Jesu am konkreten Tun aufgezeigt. Eigentlich ist das Problem bereits entschieden, denn es gibt zu seiner „Lösung" ein Wort des Mose „im Gesetz". Bemerkenswert ist, dass die Argumentation der Kontrahenten Jesu fachtheologisch („Es steht geschrieben!") und nicht pastoral („Das kann nicht durchgehen!") geführt wird. Dadurch wird ein Mensch zum *Fall*. Eigentlich steht das Schicksal der Frau gar nicht im Mittelpunkt des Interesses; es geht vielmehr um Jesus selbst und um seine Gesetzestreue.
Jesus rettet der Frau das Leben: Das Handeln Gottes durch Jesus ist lebenserhaltend und lebensstiftend – das ist an dieser Situation besonders offensichtlich. Die Botschaft Jesu ist *konkret* und *pragmatisch*.
Aber damit ist das Geschehen noch nicht beendet. Jesus verurteilt die Frau nicht, er ermahnt sie und schickt sie auf ihren Weg. Aber wohin soll die Frau nun gehen? Der Mann, mit dem sie ertappt wurde, wird sich von

ihr distanzieren, ihre Familie wird sie meiden. Ökosozial gesehen ist die Situation der Frau hoffnungslos. Sie kann ihr neues Leben in Freiheit nur dann bewahren, wenn sie ein neues Zuhause findet. Die Mahnung Jesu überfordert die Frau, geht tragisch ins Leere, wenn diese nicht eine Gruppe findet, die sie auf- und annimmt. So entsteht Kirche: Aus den Erfahrungen derer, denen Gott neu die Freiheit geschenkt hat und die einander helfen wollen, diese Freiheit nicht zu verlieren. Dass es eine solche Kirche gibt, bezeugen diejenigen, die uns diese „Situation" überliefert haben.

Viele Beispiele aus den Evangelien zeigen, dass es stets auch um eine ethische Orientierung des Handelns und Urteilens geht – eben in dem Sinn: „Handle danach, und du wirst leben" (Lk 10,28).[2]
Mit solchen (bibel-)theologischen Erwägungen ist die Frage nach der Werteorientierung, die dem situationsorientierten Ansatz auch aus der Sicht des Theologen berechtigt gestellt werden kann, selbstverständlich noch nicht vollständlich beantwortet.
Die Theologie kann aber wohl zeigen, dass es auch andere Modelle von Sein und Sollen, von Sollen und Sein gibt als diejenigen, die von der klassischen philosophischen Ethik angeboten und bisweilen dem situationsorientierten Ansatz entgegengehalten werden. Kirchlichen Trägern allerdings sollte der hier angesprochene situationsorientierte Zugang zur Werteorientierung aufgrund seiner biblischen Herkunft vertraut sein.

b) Theologische Überlegungen zur Werteorientierung

Werteorientierung durch Erfahrung

Immer wieder wird kritisch die Frage gestellt, ob und inwieweit der situationsorientierte Ansatz für das christliche Menschenbild und damit für eine Einrichtung in kirchlicher Trägerschaft akzeptabel ist. Denn dort wird beispielsweise der thematische und inhaltliche Bildungsgedanke vermisst, und zwar mit Blick auf religiöse wie auch weltliche Inhalte (so etwa die Kritik von N. Huppertz).
Auch wenn diese Anfrage nicht ganz von der Hand zu weisen ist, so ist von theologischer Seite dennoch eigentlich keine Unterstützung zu erwarten: Denn wenn so ausdrücklich das christliche Menschenbild und die Ver-

---

2) Bemerkenswert hierzu ist der Beitrag von H. Merklein, Die Gottesherrschaft als Handlungsprinzip. Untersuchungen zur Ethik Jesu, Würzburg ^{3}1984.

antwortung der Kirchen angesprochen werden, dann führt der Weg, der damit eingeschlagen wird, direkt wieder zur Botschaft und Ethik Jesu, wie sie das biblische Zeugnis (s. o.) vermittelt.

Ausgangspunkt: Gott will das Heil des Menschen

Die Botschaft Jesu hat ihren unverwechselbaren *ethischen Grundzug*: Sie fordert ein verantwortungsvolles Tun, das einmal seine Hoffnung aus dem endgültigen Heilswillen Gottes schöpft und zum anderen aufs engste mit der Annahme der Heilszusage Jesu verbunden ist. Leicht zugänglich ist dieses „Prinzip" am Ausklang der Zachäus-Situation: „Da sagte Jesus zu ihm: Heute ist diesem Haus Heil geschenkt worden, weil auch dieser Mann ein Sohn Abrahams ist. Denn der Menschensohn ist gekommen, um zu suchen und zu retten, was verloren war" (Lk 19,10).

Eine Frage des „Stils"

Es bleibt fraglich, ob und wie ein solcher Grundzug überhaupt zu einem „thematisch-inhaltlichen Bildungsgedanken" geprägt werden *kann*. – Doch gehen die theologischen Überlegungen hier noch weiter. Die Eigenart Jesu liegt ja nicht allein in diesem Grundzug, sondern ebenso gewichtig in der *Art und Weise*, wie dieser Heilswille und diese Heilszusage vermittelt werden. Der „Stil" unterscheidet Jesus, er lehrt „nicht wie die Schriftgelehrten" (Mk 1,22). Damit erhält die Frage nach der Werteorientierung ein anderes Gesicht: *Wie* macht das Jesus, wenn er „orientiert"? Welche Wege beschreitet er dabei? Welche Zugänge zu einer ethischen Neuorientierung sind für ihn charakteristisch?

Typisch für Jesus sind zum einen die Heilungen, zum anderen bevorzugt er im Gespräch das Reden in Gleichnissen. Dementsprechend lässt sich folgende Antwort auf die oben aufgeworfenen Fragen geben:

Erfahrung ermöglichen

- Jesus wählt den Weg der eigenen Wahrnehmung, der persönlichen Teilnahme und damit der eigenen Erfahrung. Die Umstehenden können, wie beispielsweise bei der Heilung der gekrümmten Frau, sehen, was es heißt, eine „Tochter Abrahams" zu sein; dann wieder wird – wie bei dem ehemals Aussätzigen – die ganze Lebensgeschichte zum Zeugnis für eine geforderte Neuorientierung.

Von Erfahrung ausgehen

- Mit der Gleichnisrede, die Jesus offensichtlich mehr schätzt als seine Widersacher[3], kommen noch weitere wertorientierte Gesichtspunkte

[3]) Vgl. F. J. Hungs, Durch Gleichnisse verkündete er ihnen das Wort (Mk 4,33). Erwachsenenbildnerische Überlegungen zum narrativen Stil der Botschaft Jesu, EB 4/1985(31), S. 193–199.

hinzu. „Gleichnisse“ setzen bei konkreten Lebenssituationen an, respektieren die Erfahrungs- und Empfindungskompetenz der Zuhörer und motivieren sie zu einer Auseinandersetzung, die immer wieder zu einer gewandelten Werteinsicht und Lebensorientierung führt (vgl. besonders deutlich im „Gleichnis von den Arbeitern im Weinberg“, Mt 20,1–15).

Miteinander auf dem Weg

So drängt sich der Eindruck auf, dass die Frage nach einer Werteorientierung aus biblisch-christlicher Sicht den *Weg des orientierenden Geschehens* ausdrücklich miteinschließt. Die Konsequenz daraus ist aber dann wiederum, dass Weg und Inhalt biblisch gesehen nicht voneinander zu trennen sind. Diese Einsicht ist nicht methodischer Art, sondern hat grundlegendes, konzeptionelles Gewicht. Wiederum, so scheint es, bietet der situationsorientierte Ansatz Gesichtspunkte und Zugänge zur pädagogischen Werteorientierung, die auch der Theologie vom biblischen Zeugnis der Evangelien her vertraut sind.

Werteorientierung als Grundzug und Basis menschlichen Handelns[4]

Die bisher geäußerten Erwägungen mögen für den Theologen bereits von grundlegender Art sein; sie sind es aber wohl nicht im gleichen Maße für die meisten Diskussionspartner im Gespräch um den situationsorientierten Ansatz. In diesem Gespräch geht es immer wieder um die *Vermittlung von Werten*. Dabei entsteht mitunter der Eindruck, als seien Werte festgefügte Größen, die es im konkreten pädagogischen Tun im Kindergarten umzusetzen gelte – so, als habe die Frühpädagogik einen kulturellen Initiationsauftrag: als würde es nur darum gehen, Kinder in ein bereits bestehendes und bewährtes, verbindliches Wertgefüge einzuführen. Dass sich der situationsorientierte Ansatz einem solchen statischen Verständnis von „Wert“ und „Norm“ und „Sinn“ widersetzt, ist aus theologischer Sicht durchaus verständlich. Denn ein Grundzug der christlichen Botschaft ist, dass sie ein Ereignis der Geschichte ist, dass sie historische Realität (und nicht Idealität) ist und werden will. Es kann daher gerade nicht darum gehen, allgemeine Inhalte oder Werteinstellungen zu überliefern und zu wiederholen, sondern diese in Eigenständigkeit zu erkennen und zu realisieren.

---

4) Die Überlegungen beziehen sich auf die Gedanken von A. Auer, in: J. Gründel (Hg.), Leben aus christlicher Verantwortung. Ein Grundkurs der Moral 1, Grundlegungen, Düsseldorf 1991, vor allem S. 29 ff.

Wenn es in der Frühpädagogik angebracht ist, sich die Frage nach ethischen „Inhalten“ zu stellen, dann in zweifacher Hinsicht:

(1) Einmal zielt diese Frage auf Grundbestimmungen des Menschen als Subjekt verantwortungsvollen Handelns: Der Mensch ist Person und bei aller Unverwechselbarkeit immer auf Mitwelt und Umwelt bezogen.

Mensch als Subjekt

Diese humanen Grundstrukturen sind keine „ruhenden“ Wesenseigenschaften, sondern lebensgeschichtlich und weltgeschichtlich aufgetragen. Sie kommen auf dem Weg der Geschichte auf den Menschen zu und wollen von ihm auch auf eine Zukunft hin, die über den Augenblick hinausweist, verantwortlich erkannt, anerkannt und realisiert sein.

Das jedoch ist aus religiöser Sicht nur möglich, wenn dabei respektiert wird, dass der Einzelne auf Transzendenz, d. i. über sich selbst hinaus, verwiesen ist: Menschlicher Lebenssinn weist über dieses Leben hinaus auf Gott. Nur so ist der Mensch „sich selbst Gesetz“ (Röm 2,14).

(2) Aus christlicher Sicht zielt die menschliche Bestimmung nicht nur auf die Erfüllung all der Möglichkeiten, die Gott seiner Schöpfung gegeben hat, sondern auf Heil: „Die Liebe und ihre Werke bleiben“ (2. Vatikanisches Konzil, Pastoralkonstitution 39). Von daher ist auch die menschliche Freiheit, auf die eine christliche Ethik gründet, eine Lebenskraft, die den Menschen aus Enge und Schuld, aus Gebrechlichkeit und Angst herausführt.

Freiheit und Ethik

Abschließend seien einige theologische Aspekte genannt, die dem situationsorientierten Ansatz im Blick auf einen „inhaltliche“ Werteorientierung nahe stehen und nahe bleiben:

(1) Die pädagogische Vorstellungs- und Erlebniswelt des situationsorientierten Ansatzes trifft sich durchaus mit theologischen Überlegungen, wenn es um ethische „Inhalte“ in der Frühpädagogik geht. Denn Werte und Wertvorstellungen werden im Glaubenszeugnis der Evangelien im Geschehen, im Handeln selbst vermittelt. Insofern lässt sich auch die „inhaltliche“ Werteorientierung eng mit „Situationen“ im

Konkretes Handeln zählt

biblischen Sinne verbinden. Es genügt hier, an die geschilderten und ökosozial bemerkenswerten Begegnungsgeschichten zu erinnern: Die Würde der Person wird an der Aufrichtung einer gekrümmten Frau und das Heil eines Menschen am Schicksal eines Außenseiters gegenwärtig.

Kein geschlossenes System: Offenheit

(2) Es gibt biblische „Grundsituationen" – das sind u. a. Begegnungsgeschichten oder Gleichnisse – die zum ethischen Grundinhalt der Botschaft Jesu gehören. Dazu gehören beispielsweise

- das Beispiel vom barmherzigen Samariter: grenzüberschreitende Zuwendung (Lk 10,25–37),
- die Parabel vom unbarmherzigen Knecht: ein Wort von der Versöhnung (Mt 18,23–35),
- das Gleichnis von den Arbeitern im Weinberg: das neue Mass (Mt 20,1–15),
- das Abreißen der Ähren am Sabbat: der Mensch ist kein Knecht der Gebote (Mk 2,23–28),
- die Auferweckung eines jungen Mannes in Nain: das Leben ist stärker als der Tod (Lk 7,12–17).

Aus solchen „Situationen" lassen sich Grundaussagen zur „Gottesherrschaft" entfalten, doch fügen diese sich nicht zu einem geschlossenen ethischen „System". Für den einen mag das ein Ausdruck von Unverbindlichkeit und argumentativer Schwäche, für den anderen ein glaubwürdiges Zeugnis für die Offenheit der Botschaft und motivationsfördernd sein.

Werteorientierung entsteht durch Beziehung

(3) Zahlreiche biblische Situationen lassen sich zu lebensgeschichtlichen Situationen so in Beziehung setzen, dass ethische Inhalte offenkundig und lebendig werden. Der pädagogische Weg, der dabei meist beschritten wird, ist der der Korrelation. Aber es gibt ebensogut auch den Kontrast, die Konfrontation und die Alternative.
Die Werteorientierung liegt dabei nicht einfach in einer Kenntnisnahme des Handelns Jesu, auch nicht in einer „Übertragung für mein Leben", sondern in der Schärfung des Blickes und in der Aufforderung zu eigenem verantwortlichen Handeln. Erfahrungsmäß führt dieser pädagogische Weg in allen Altersstufen zu einem lebendigen Aus-

tausch – im Sinne von „Das darf doch nicht wahr sein!" über „Da muss was getan werden!" bis hin zu: „Ich bin gefragt!"

Gemeinsam auf dem Weg

(4) Doch hat dieses Beziehungsmodell von biblischer und lebensgeschichtlicher Situation deutlich seine Grenzen. So ist z. B. die Suche nach einer „geeigneten biblischen Textstelle" oft genug peinlich und schmälert die eine oder andere Situation. Für die Theologie weisen solche religionspädagogisch-praktischen Erwägungen auf grundlegende Fragen hin. Wann ist eine Werteorientierung „christlich"? Was kann die Theologie leisten, welchen Auftrag hat sie?
Überlegungen, die von der sog. „Theologie der Befreiung"[5] her kommen, weisen darauf hin, dass manche Fragen nicht recht gestellt sind. Es geht nicht so sehr um einen „Transfer" oder um eine „Korrelation", sondern wesentlich um das „Subjekt" des christlichen Handelns. Dieses Subjekt ist nicht der Einzelne, sondern das „Volk Gottes" an seinem konkreten Ort und in seiner historischen Situation. So situationsorientiert und ökosozial wissend liest die „Gemeinde" das Evangelium und sucht gemeinsam, als Gruppe, ihren Weg.

Könnte es nicht sein, dass gerade ein Kindergarten in kirchlicher Trägerschaft auf seine Art, für seine Partner, in seiner Funktion mit Anteil hat an dem „Subjekt", das sich „pilgerndes Gottesvolk" nennt!?

---

5) Zur Einführung siehe: L. u. C. Boff, Wie treibt man Theologie der Befreiung?, Düsseldorf 1986, und L. Boff, Gott kommt früher als der Missionar, Düsseldorf 1991.

IV. Der situationsorientierte Ansatz in der Praxis

1. „Lebensnah Lernen“ – Pädagogische Anregungen zum vernetzten Arbeiten

Heidi Simon

Das Bewusstwerden des eigenen Tuns,
des eigenen Empfindens – der inneren Bewegung –
ist Voraussetzung für einfühlsames Erziehen.

Nur wer sich bewegt,
wird auch bewegt.
Und kann bewegt werden.

G. Hofer, „Erlebnis Mitwelt“ (S. 22)

Diese Gedanken treffen auch für die derzeitige Kindergartensituation zu: Das Berufsbild der Erzieherin bewegt sich heute in einer umstrittenen Diskussion. Der früher weit verbreiteten „Basteltante“ steht jetzt die „Kollegin in der pädagogischen Umbruchsituation“ gegenüber. Verwirrung bereitet dabei eine Vielzahl von pädagogischen Begriffen und Arbeitsstilen.

Die Arbeitsweise im „vernetzten“ Kindergarten bedeutet eine neue Vorgehensweise im Alltag. Grundlage und Leitfaden dieses pädagogischen Handelns ist der situationsorientierte Ansatz. Er macht verständlich, worum es geht, und sieht das Kind in seiner natürlichen Bedürfniswelt. Sogenannte „schwierige“ Kinder sind unverstandene Kinder. Dieses Kind-Verstehen verlangt differenzierte Beobachtung und muss von der Erwachsenenwelt neu „gelernt“ werden. Der situationsorientierte Ansatz gibt hier eine Antwort. Es geht um darum, Veränderungen heutiger Kinderwelten im frühpädagogischen Arbeitsfeld bewusst wahr- und ernst zu nehmen. Wird dieser Ansatz umfassend und im Detail praktiziert, bewirkt er oft grundlegende Veränderungen im Kindergarten und in seinem Umfeld. Dabei ist Voraussetzung, dass Aussagen der Verantwortlichen und die praktische Umsetzung übereinstimmen.

Hier sollen deshalb – ausgehend von den konkreten Gegebenheiten in unserem Kindergarten St. Georg in Ast – einige Anregungen und Impulse für alle Kindergärten gegeben werden, die auf die veränderte Situation in unserer Zeit pädagogisch angemessen reagieren wollen.

a) Die Rolle der Erzieherin

Der situationsorientierte Ansatz sieht die Erzieherin als Entwicklungsbegleiterin und Partnerin der Kinder. Die Erzieherin ist Lernende mit den Kindern und aufgeschlossen gegenüber der kindlichen Entdeckungsphantasie.
Neue pädagogische Handlungsformen erfordern von Erzieherinnen ein neues Personen- und Rollenverständnis. Professionelle Arbeit transparent darzustellen verlangt Reflexion und kritisches Überprüfen der täglichen Arbeitsweise und des eigenen Tuns.

Fachkompetenz

Kindorientiertes Arbeiten stellt an die Erzieherinnen und ihre *Fachkompetenz* hohe Ansprüche. So ist eine kontinuierliche Auseinandersetzung mit fachspezifischen Themen erforderlich. Einen ebenso großen Stellenwert muss die Weiterbildung einnehmen.
Lebenslanges Lernen ist besonders für diejenigen wichtig, die über mehrere Generationen mit Kindern arbeiten. Kinderwelten, Bedürfnisse von Kindern verändern sich in rascher Geschwindigkeit, so wie die schnelllebige Zeit der Erwachsenen voranschreitet.
Im situationsorientierten Ansatz steht ein geplantes und strukturiertes Leben und Lernen mit Kindern im Mittelpunkt. Entscheidungen werden gemeinsam mit den Kindern getroffen. Inhalte und Vorhaben müssen darauf mit Sorgfalt aufgebaut werden. Die Erzieherin verzichtet auf Angebote und setzt Impulse. Der Tagesablauf wird mit den Kindern besprochen und sie werden an den Entscheidungen beteiligt. Die Erzieherin muss also in der Lage sein, sich als Erziehende selbst weitestgehend zurückzunehmen. In dieser pädagogischen Arbeit erlebt die Begleiterin eine faszinierende Kind-Erwachsenen-Welt, die geprägt ist von intensiver Beziehungsfähigkeit zu Kindern. Die Erzieherin ist mit der ganzen Persönlichkeit dem kindlichen Spiel verbunden und lässt sich in das handwerkliche Tun einbinden. So entstehen Bündnispartner, die gemeinsam von den Kindern gewünschte Projekte aufbauen.

Selbstkompetenz

Der situationsorientierte Ansatz gerät in Gefahr, wenn Erzieherinnen einen automatisierten Tagesablauf praktizieren und sich somit allen „Kinderverhaltenssignalen" verschließen. Hier kann die eigene Biografie eine entscheidende Rolle spielen. Mit der Bewusstmachung und Aufarbeitung eingefahrener Verhaltsmuster, die sich hemmend auf das situationsorientierte Arbeiten auswirken, muss begonnen werden. Die Umsetzung dieses selbstkritischen Ansatzes erfordert ein hohes Maß an *Selbstkompetenz* und kritischer Selbsterkenntnis. Die Erzieherin sollte sich darüber klar werden, welche Erfahrungen sie selbst für den Begleitprozess von Kinder mitbringt. Hat sie selbst eine liebevolle, offene Erziehung genießen dürfen? Erinnert sie sich ungern an die eigene Kindheit, weil autoritäres Verhaltens seitens der Erwachsenen den eigenen Lebensraum beschnitten hat? Gab es besonders einprägsame Erlebnisse während der Tätigkeit als Erzieherin?

Sozialkompetenz

Eng damit verbunden ist die von Erzieherinnen erwartete *Sozialkompetenz*. Sie zeigt sich in Spielsituationen mit Kindern und in der Zusammenarbeit mit Eltern und Kolleginnen, in einem partnerschaftlichen, offenen und klaren Umgang miteinander.

Veränderungsprozesse und Weiterentwicklung im Team

Nicht jede Arbeit ist gleich, aber jede Arbeit ist gleich wichtig, um ein Ganzes zu formen.

Dieser Leitsatz bestimmt die Teamarbeit. Durch die Öffnung der Einrichtung und die damit verbundenen gruppenübergreifenden Spielmöglichkeiten der Kinder ist die offene Zusammenarbeit mit jeder Kollegin eine notwendige Chance im situationsorientierten Arbeitsfeld.

Eigenständigkeit und Eigenverantwortung

Die Achtung, die Wertschätzung gegenüber der kindlichen Person spiegelt sich auch im Miteinander im Team. Voraussetzung für eine tragfähige Beziehung unter Kollegen/-innen ist eine vertrauensvolle, ehrliche Umgangsweise. Dazu gehören die Möglichkeiten zu einer klaren und offenen Aussprache, ein sachbezogener, emotionsfreier Umgangston sowie klare Strukturen im Betrieb. Für Tansparenz der fachbezogenen Aufgaben sorgt u.a. die Aufteilung von Verantwortungsbereichen unter Berücksichtigung der Stärken der einzelnen Mitarbeiterinnen. Diese Zuständigkeitsfelder umfassen alle zusätzlichen Aufgaben auch außerhalb der „Heimatgruppen" der Kinder. Damit ist ein hohes Maß an Eigenständigkeit und Eigenverantwortung gewährleistet. Das Interesse der einzelnen Kollegin (Neigungsbereich) setzt ein großes Engagement frei (was mir wichtig ist, dafür investiere ich Zeit). Zudem ergibt sich dadurch neuer Handlungsfreiraum (Management) für die Leiterin.

Konkrete Vorgehensweise

Im Kindergarten St. Georg wurde deshalb so vorgegangen: In der etwa dreimonatigen Vorbereitungszeit für die Zuteilung der Aufgaben- und Verantwortungsbereiche an jede Mitarbeiterin wurde auf die eigenverantwortliche Arbeitsweise Wert gelegt. Dies zeigte sich vor allem bei der Diskussion über die Zweckbestimmung der Räume, über die Einrichtungsmöglichkeiten – unter Einbeziehung der Kinder – und bei der Festlegung der wichtigsten Ziele, die im jeweiligen Raum verwirklicht werden sollten. Dabei wurde schnell offensichtlich, wo die Einzelne Schwerpunkte in der Entwicklungsbegleitung setzen möchte, wo sie besonderes Engagement oder besondere Begabungen mitbringt. Dementsprechend wurden die Aufgaben verteilt.
Über die als nächstens anstehenden Entwicklungsschritte diskutierten alle Teampartnerinnen während der wöchentlichen Dienstkonferenz. Während dieser Konferenz wurden thematische Einzelheiten zur Weiterentwicklung des pädagogischen Ansatzes mit allen Mitarbeiterinnen besprochen, protokolliert und Aufgabenstellungen zur Erarbeitung einzelner Schritte bis zum nächsten Treffen festgelegt. Zum Nachschlagen wurde das Protokoll in einem Ordner im Personalraum eingeheftet, ebenso erhielt die Leiterin zur weiteren Vorbereitung eine Abschrift.

Die Übersicht auf S. 82 zeigt beispielhaft die Aufgabenverteilung im Team, wie wir sie entwickelt haben. Dabei sind die Mitarbeiterinnen für verschiedene Räume, Spielbereiche oder pädagogisch-inhaltliche Arbeitsbereiche zuständig.

Aufgabenverteilung im Team

1. Kindergartenleitung

Gruppe „Fuchsbau“ (6-Std. Gruppe)

- Musikraum
- Kindergartenzeitung „Pumuckl“ (Redaktion)
- Ansprechpartnerin für alle Elterngruppen
- Vernetzung Kiga-Verein
- Öffentlichkeitsarbeit / Multiplikatorin für die Konzeption
- Ansprechpartnerin für das Modellprojekt
- Mitglied im Fachbeirat des Kindergartenvereins

2. Fachkraft

Gruppe „Fuchsbau“

- Traumland- und Ruhebereich „Mondschaukel“
- individuelle Sprachbegleitung (Zusatzausbildung)

2. Gruppenleitung

Gruppe „Spatzennest“ (6-Std.-Gruppe)

- Rollenspielraum
- Bücherei „Buchstabenbaum“
- Partnerschaft Senegal

2. Fachkraft

Gruppe „Spatzennest“

- Bewegungsbaustelle/Turnraum
- Elterncafé

3. Gruppenleitung

Gruppe „Bärenhöhle“ (Wechselgruppe)

- Werkstatt
- Seniorennachmittag (Kiga-Verein)

2. Fachkraft

Gruppe „Bärenhöhle“

- Sand-, Matsch- und Modellierbereich

4. Gruppenleitung

Gruppe „Biberburg“ (6-Std. Gruppe)

- Malraum
- Familiengottesdienst

2. Fachkraft

Gruppe „Biberburg“

- „Pumuckl“-Kinderredaktion und Praxisinfo
- Bauraum
- Garten

Diese Bereiche sind mindestens für ein Jahr fest eingeteilt. An allen Veränderungen (Spielbereiche) und Vorhaben werden die Kinder beteiligt und demokratisch mit einbezogen.

Beispiel Malraum

Das Aufgabengebiet der zuständigen Erzieherin bedeutet im Bereich der Verantwortung für einen „offenen" Spielraum der Kinder Folgendes (Beispiel Malraum):

- Sorge tragen für genügend und vollständiges Material (unterschiedliches Papier, Vielfältigkeit der Farben, der technischen Möglichkeiten zur kreativen Gestaltung etc.)
- Pflege und Ordnung
- Ausstattung, Einrichtung und Gestaltung des Raumes (Absprache Leitung / Team / Kinder)
- auf Veränderungen der Raumgestaltung achten (Orientierung an den Bedürfnissen der Kinder)
- ggf. Hinweise an die Mitarbeiterinnen bezüglich Begleitung und Impulse bei verschiedenen Maltechniken, Einrichtungsveränderungen etc. geben

Kooperationsbereitschaft

Diese Teamarbeit verlangt von allen Mitarbeiterinnen hohe Kooperationsbereitschaft. Die wöchentliche Dienstkonferenz dient zum Austausch, zur Reflexion, zur konzeptionellen Weiterentwicklung und zur Fallbesprechung. Durch die „offene" Begegnung im Alltag können aktuelle Probleme auch unmittelbar angesprochen und geklärt werden. Ein weiterer wichtiger Bestandteil der Teamarbeit ist die persönliche Begrüßung und der „Morgentreff" (ca. 15 Minuten), bei dem je eine Gruppenvertreterin zur aktuellen Tagesabsprache vertreten ist. Diese Begegnungen sorgen für Kollegialität und Sicherheit im Team.

Grundregeln

Insgesamt lassen sich folgende Grundregeln für die gemeinsame Arbeit im Team festhalten:

- Offenheit, Ehrlichkeit und Klarheit bei allen Aussagen
- bei Diskussionen Stellung beziehen, aussprechen lassen, offen thematisieren
- bei Problemlösungen sachbezogen reagieren, nicht auf der Beziehungsebene Konflikte austragen

- Interesse und aktive Mitarbeit beim Entwicklungsprozess der Konzeption
- fundierte Planung, klare Absprachen, an die sich die Mitarbeiterinnen halten
- vereinbarte Regeln befolgen (Vorbildfunktion der Erzieherinnen: Regeln für die Kinder sind Regeln für die Erwachsenen!)
- Achtung und Wertschätzung gegenüber dem Anderen zeigen und praktizieren
- Freude und Motivation im Berufsalltag mitbringen
- Mit Kindern gemeinsam planen, auf ihre Bedürfnisse eingehen;
- Ausdrucksformen von Kindern beachten und die Projektgestaltung danach ausrichten
- Beziehungen zu Kindern aufbauen und ihre Bündnispartner sein;
- sich auf die Ebene der Kinder einlassen und sich partnerschaftlich in das Spiel integrieren
- Handlungsweisen sinnverbunden ausführen
- kontinuierliche Fort- und Weiterbildung

Erarbeitung der Grundlagen des situationsorientierten Ansatzes

Allen unmittelbar Beteiligten am Geschehen Kindergarten (Träger, Erzieherinnen, Eltern) muss der Begriff „situationsorientierter Ansatz“ als Grundlage für eine ausführliche Auseinandersetzung in seiner Bedeutung verständlich sein.

Definition

> Der „Situationsorientierte Ansatz“ gibt Kindern die Möglichkeit, individuelle Erfahrungen und Erlebnisse zu verarbeiten und zu verstehen, bedeutsame Fragen zu beantworten und Zusammenhänge zu begreifen, um aus der Bewältigung erlebter Situationen und Ereignisse (Erfahrungen) individuelle und soziale Kompetenzen auf- und auszubauen.
>
> A. Krenz, „Bewegung im ‚Situationsorientierten Ansatz‘“, S. 23

Verantwortliches Arbeiten mit Kindern bedeutet, sich die einzelnen Anforderungen dieser Definition bewusst zu machen und die daraus folgenden Konsequenzen für die Praxis strukturiert gemeinsam zu erarbeiten.

Kinder bewegen sich im situationsorientierten Kindergarten ohne Druck und Zwang. Der soziale Umgang von Kindern und Erzieherinnen miteinander ist geprägt von einer Wertschätzung gegenüber jeder Person und allen Gegenständen und Materialien. Der situationsorientierte Ansatz bietet so eine Möglichkeit, dem oftmals überdrehten Lebensrhythmus der Kinder und der technisierten, reizüberfluteten Umwelt positiv zu begegnen. Eine konsumorientierte Gesellschaft und die von Erwachsenen verplanten und zerteilten Kinderzeiten haben bei den Kindern oft zu achtungsloses, oberflächliches Handeln zur Folge.

Grundhaltung: Wertschätzung

Demgemäß kommt beim situationsorientierten Arbeiten der Regelfindung mit Kindern große Bedeutung zu. In unserem Kindergarten wurden schon bei der Ausstattung der Spielräume mit den Kindern gemeinsam gültige und sinnvolle Regeln entwickelt. Aus diesen Regeln ergeben sich Zuverlässigkeiten und Grenzen, die ein gemeinsames Leben ermöglichen. Dabei wird besonders darauf geachtet, dass Kinder ein demokratisches Miteinander in der Gruppe erfahren. Beteiligung und Mitbestimmung haben hier ebenso wie gemeinsames Besprechen von Problemen ihre Berechtigung. Während der Kinderkonferenz oder bei der Vorgehensweise zur Projektentwicklung können Kinder mit entscheiden und ihre Ideen mit einbringen.

Gemeinsame Regelfindung

Soziale Defizite oder Irritationen der Kinder, die sich im Verhalten des einzelnen Kindes durch bestimmte Ausdrucksformen zeigen, fordern Erzieherinnen auf, genau zu beobachten. Hat man die kindliche Botschaft, die sich in bestimmten Ausdrucksformen Bahn bricht, verstanden, kann man durch entsprechende Projektplanung oder Einzelaktivität darauf reagieren. Somit wird Kindern die notwendige Verarbeitungsmöglichkeit zu ihrer „Entlastung“ geboten. Im situationsorientierten Kindergarten finden Kinder den nötigen Raum und die Zeit, um „Vergangenheitsbewältigung“ im Spiel zu erfahren. Erzieherinnen tragen Sorge für die Beantwortung bedeutsamer Fragen der Kinder und bieten Hilfe zum Aufbau von Sozialkompetenzen, um somit eine positive Persönlichkeitsentwicklung beim Kinde zu gewährleisten.

Beobachten kindlicher Ausdrucksformen

Stellen-beschreibung

Hier ist ein Bespiel aufgeführt, wie eine Stellenkurzbeschreibung (auch zum Aushang geeignet) im situationsorientierten und offenen Kindergarten inhaltlich übersichtlich und verständlich dargestellt werden kann.

Dienststundenplan mit Stellenkurzbeschreibung
(Bestandteil des Dienstvertrages)

Kindergartenjahr: ____________ Dienstzeiten: ________________

Name: ______________________ ________________________

Tätigkeit: (hier: Kinderpflegerin)

Gruppe: ______________________

Gruppenöffnungszeit: ________

Verfügungszeit (nach Absprache): ________________________

Fest eingeteilte Aufgabenbereiche

- Verantwortungsbereiche in Bezug auf die Funktion der Kinderpflegerin (nach den Vorgaben der rechtlichen Dienstordnung) mit darausfolgenden Aufgaben
- durch die Kindergartenleitung und Gruppenleiterin delegierte feste und flexible Aufgaben
- Teilnahme an der wöchentlichen Dienstkonferenz (Weiterentwicklung der Konzeption)
- Bewirtung bei Besuchen (Modelleinrichtung),
- Personalküche/Wirtschaftsbereich (Pflege, Ordnung, Vorräte, Absprache Leitung/Team)
- Gestaltung Gangbereich Gruppe – Projektarbeit in Zusammenarbeit mit der Gruppenleitung
- kontinuierlicher Austausch mit der Gruppenleiterin bezüglich der Beobachtung von Ausdrucksformen bei Kindern und Projektgestaltung
- gemeinsames Führen von Elterngesprächen und dem „pädagogischen Tagebuch“
- Ausstattung und Gestaltung des Sand-, Matsch- und Modellierbereichs (Pflege und Ordnung), Aufbau und Ausstattung nach der Beobachtung in der „offenen Spielzeit“, Ideen mit den Kindern ver-

wirklichen (Einrichtung); mit Kindern Spielutensilien besprechen (zum Beispiel im Sand: Stein, Muscheln, Tiere, verschiedenes Belebungsmaterial, u. Ä.) – für verschiedene Knete wie Ton, Salzteig oder selbst hergestellte Knetmasse sorgen
- Mitarbeit und Unterstützung bei den Vorhaben „Begegnung mit Senioren" als kontinuierliches Erlebnis
- Begleitungsturnus „offene Spielphase" (Absprache im Team)
- Pflege Gruppenraum (Absprache in der Gruppe)

Die Verfügungszeit wird anhand eines Formblattes schriftlich nachgewiesen.

Insgesamt kann zur Arbeitsweise nach dem situationsorientierten Ansatz für die Erzieherinnen festgehalten werden:

> Der „Situationsorientierte Ansatz" ist eine Vernetzung von Einstellungen der Erzieherinnen, einer bestimmten humanistisch geprägten kontinuierlichen Arbeitsweise mit Kindern und einem bestimmten Arbeitsverständnis, um Kindern dabei zu helfen, sich in ihrer Persönlichkeit zu entwickeln.
>
> A. Krenz, „Bewegung im ‚Situationsorientierten Ansatz'", Seite 19

Gemeinsame Konzeptionserstellung

Die Erarbeitung der Konzeption mit allen Mitarbeiterinnen ist dabei das Spiegelbild der Einrichtung. Folgende Fragen sind von grundlegender Bedeutung zur Erstellung der Konzeption und zur Auseinandersetzung mit dem situationsorientierten Ansatz:

- Welcher pädagogische Ansatz ist in der Einrichtung bisher von Bedeutung?
- Stimmen die Handlungskompetenzen der einzelnen Mitarbeiterinnen mit dem pädagogischen Ansatz überein – sind Aussagen und Praxis stimmig?
- Liegt der pädagogischen Handlung ein demokratisches Menschen- und Gesellschaftsideal zugrunde?
- Wie werden Kinder am Geschehen beteiligt?
- Ist die pädagogische Richtung von der Achtung und Wertschätzung gegenüber der Person und den Gegenständen/Materialien geprägt?

- Stimmt das Rollenverständnis mit der Sichtweise der Kinder überein?
- Sind Entwicklungsprozesse (Defizite) von Kindern im Spiegelbild des „Zeitgeschehens“ berücksichtigt?
- Bieten Spielräume der Kinder in ihrer Zweckbestimmung Verarbeitungshilfen für erlebte Ereignisse?
- Ist der Vernetzungsgedanke, die Offenheit, die partnerschaftliche Sichtweise gegenüber Eltern, dem Träger, der Gemeinde gegeben?
- Sind Eltern am Geschehen mitbeteiligt?
- Ist die Projektgestaltung an dem Verstehen kindlicher Ausdrucksformen ausgerichtet?
- Ist die Transparenz der pädagogischen Arbeit durch entsprechende Öffentlichkeitsarbeit gewährleistet und wird dadurch die fachliche Akzeptanz bestätigt?
- Lassen die Spielräume der Kinder eigene Gestaltung zu und sind sie nach den kindlichen Ideen und Bedürfnissen ausgerichtet; zeigen sie wohnlichen Charakter, ohne überladene Dekoration (Raumkultur)?
- Ist die Unterstützung und Mitarbeit aller außen stehenden Mitarbeiter des sogenannten „Netzwerks“ die Antwort auf das Verständnis der pädagogischen Handlungsweise der Mitarbeiterinnen und ist dadurch das Nachvollziehen des situationsorientierten Ansatzes für die positive Entwicklung und Werteorientierung der kindlichen Person möglich?

b) Lebensraum Kindergarten

Eingegrenzte Lebensräume und zerteilte Kinderzeiten in einem oft hektischen Lebensrhythmus zeichnen heutige Kindheit aus. Dadurch entsteht oft eine Anhäufung von Eindrücken, Ereignissen und Erfahrungen, die Kinder durch mangelnde Zeit und Spielmöglichkeiten nicht verarbeiten können.
Irritationen, veränderte Verhaltensweisen, Ängste oder ein Sich-Zurückziehen sind die Folge. Im situationsorientierten Kindergarten finden Kinder Orientierungs- und Verarbeitungshilfen zur Vergangenheitsbewältigung, um in der Gegenwart die Realität positiv zu erleben.
In offenen, in ihrer Zweckbestimmung klar strukturierten Spielräumen und durch Projekte gewinnen Kinder neue Erfahrungen, bewältigen vergangene Ereignisse und bauen so soziale Kompetenzen für die Zukunft auf.

Kinder haben oft wenig Gelegenheit, sich in Ruhe mit Sachzusammenhängen auseinanderzusetzen oder mit der eigenen Person zu beschäftigen. Leistungsdenken von Erwachsenen führt zur Verplanung von Kinderzeiten. Durch situationsorientiertes Arbeiten unter Beteiligung und Einbeziehung der Eltern erfahren Kinder neue Orientierung und Erwachsene Verständnis für Entwicklungsfreiräume ihrer Kinder.

Im situationsorientierten Ansatz finden Kinder eine Lebenswirklichkeit, die sie in Einklang mit ihrer kindlichen Entwicklung und Bedürfniswelt bringt: *„Spielen ist lernen ohne es zu wissen"* (G. Hofer).

Veränderte Sichtweise von Kindern

Kinder heute zu verstehen bedeutet ihnen partnerschaftlich nahe zu sein. Die Achtung vor der kindlichen Person, die Wertschätzung ihres durch die eigene Lebensbiografie gekennzeichneten Wesens ist der Leitfaden in der Begegnung mit Kindern und in der Beziehung zu ihnen. Das Kind mit seinen Bedürfnissen ernst zu nehmen, sein Freund zu sein löst Spannungen und schafft Entlasung.
Die so gewonnene Freiheit öffnet beim Kind Kreativität, Spontaneität, Freude am Spiel, Neugierde und Sicherheit. Je eigenständiger sich die kindliche Persönlichkeit entwickelt, stabilisiert und entfaltet, je mehr sich die Erzieherin zurücknehmen kann, umso mehr und deutlicher erkennbar ist das Ziel der Schulfähigkeit erreicht. Der starken Konsumorientierung, die durch Angebote nur unterstützt wird, wird statt dessen durch Erlebnisräume, in denen Spiel nach den Bedürfnissen der Kinder stattfinden kann, entgegengewirkt.

Öffnung nach innen

Durch die Öffnung nach innen bekommen Kinder die Möglichkeit in verschiedenen zweckbestimmten Spielräumen in freiem Spielen ihre Identität und ihr Selbstwertgefühl aufzubauen. Sie entscheiden selbst nach ihren eigenen Bedürfnissen – und werden von den Erzieherinnen dabei begleitet.
„Offen" bedeutet dabei keine zügellose Freiheit oder das Nichtvorhandensein von Grenzen, sondern sinnvoll genutzte Freiräume, die dem Kind Halt geben, da sie seiner elementaren Bedürfniswelt entsprechen. Bestimmte Regeln, die mit den Kindern gemeinsam erarbeitet werden, sorgen für die notwendige Orientierung, fördern das Verständnis für das

Gemeinschaftsleben und lassen ein hohes Maß an Eigenständigkeit bei Kindern zu. Öffnung nach innen bedeutet auch die Einbeziehung der Eltern, um diese Entwicklungsschritte zu begleiten und Eltern in Erziehungsfragen zu unterstützen. Hier wird die Basis für die weitere Öffnung nach außen gelegt.

Wunschräume

Wo ist der Raum,
in dem wir ungestört blödeln
können?
Wo ist der Raum,
in dem wir ungestört lachen
können?
Wo ist der Raum,
in dem wir ungestört spielen
können?
Nicht turnen – spielen!
Wo ist der Raum?

Wo ist der Raum,
in dem ich ungestört weinen
kann?
Wo ist der Raum,
in dem ich ungestört nachdenken
kann?
Wo ist der Raum,
in dem ich ungestört träumen
kann?
Nicht schlafen – träumen!
Wo ist der Raum

Wo ist der Mensch,
der mir hilft,
dass meine Wunschräume
nicht Wunschträume bleiben?
Wo ist der Mensch?

E. A. Ekker / G. Hofer, „Erlebnis Mitwelt“,
Neue Wege in der Umwelterziehung.

Zu selten sind die in diesem Gedicht entfalteten Wunschträume schon Realität. Situationsorientiertes Arbeiten versucht, diese Kinderträume zu verwirklichen, in dem es Erzieherinnen und Eltern auffordert, eine Vielfalt an Spielvariationen (Räume/Bereiche) im Kindergarten zu schaffen und sich in Spielprozesse zu integrieren. Das Spiel bedeutet im situationsorientierten Ansatz Hilfe für Kinder, sich zeitlos mit der eigenen Person auseinanderzusetzen.

Die Erzieherin ist in den offenen Räumen Entwicklungsbegleiterin und Moderatorin. Kinder zeigen im Spiel seelische Empfindungen, die mit einem hohen Erzähl- und Ausdruckswert versehen sind. Hier lassen sich durch die intensive Begleitung, Beobachtung und Nähe der Erzieherin wertvolle Erkenntnisse zur Projektthemenfindung gewinnen. Durch die Vielfalt der Spielräume (s. S. 94 ff) können Kinder ungestört ihrem Bedürfnis nachgehen und „zeitlos" spielen. Diese Spielinhalte haben Auswirkungen auf den emotionalen, sozialen, motorischen und kognitiven Bereich der Kinder, so dass Spiel in einem Sinnzusammenhang mit lebensnaher Lernerfahrung steht.

Möglichkeiten der Raumgewinnung

Wie schon bei der Beschreibung des Kindergartens erwähnt (s. S. 9), waren in der Zeit vor dem Beginn der Öffnung ab 1990 drei Gruppen (eine Wechsel- und zwei 6-Stunden-Gruppen) in der Einrichtung untergebracht. Davon „bewohnte" eine Gruppe provisorisch den Turn- und Mehrzweckraum. Die baulichen Gegebenheiten des 25 Jahre alten Kindergartens unterschieden sich nicht von herkömmlichen Einrichtungen. Trotzdem konnten gemeinsam mit den Kindern gruppenunabhängige Spielbereiche geschaffen werden. Im Eingangsbereich fand die Sand-Matsch-Modellierecke ihren Platz, ein Intensivraum diente als Musikexperimentierzimmer und ein Zwischenflur (mit fünf Türen) wurde als Werkraum eingerichtet. Obwohl keine Ideallösung, ließ es die gute Bausubstanz der Kellerräume zu, hier einen Rollenspielraum, eine Bewegungsbaustelle und einen Malraum mit einer Meditations- und Ruheecke zu gestalten. Die dreimonatige Vorbereitungszeit bis zur Öffnung warf für das Team folgende Fragen auf:

- Welche Spielbereiche für Kinder können geschaffen werden?
- Wo gibt es in der Einrichtung den geeigneten Platz dafür?
- Wie können Kinder und Eltern mit einbezogen werden?
- Welche Kollegin fühlt sich für welchen Raum und Spielbereich verantwortlich?
- Welche Möbel können aus den „überfüllten" Gruppenräumen entfernt und für die neuen Spielbereiche verwendet werden?
- Wie sehen die einzelnen Raumkonzepte aus?
- Gibt es geeignete Literatur zu Klärung der Aufsichtspflicht oder zur Einrichtung einer Werkstatt?

- Welche Zielbereiche lassen sich besonders gut in dieser entzerrten und entlasteten Raumkonzeption anstreben und verwirklichen?
- Welcher Weg wird gemeinsam mit den Kindern gegangen, um die richtigen Regeln zu erarbeiten?
- Wie können der Hausmeister oder handwerklich geschickte Eltern mit einbezogen werden, um eine Kinderbühne nach den Ideen der Kinder zu bauen?

Diese Veränderungen bedeuten viel Arbeit, aber auch hohe Motivation. Intensive Diskussionen mit den Teampartnerinnen, dem Träger und den Eltern waren in der Folgezeit notwendig. Ein Raum nach dem anderen wurde fertig gestellt und von den Kinder „spielerisch erprobt", um die richtigen Regeln zu finden.
Eine verstärkte Öffentlichkeitsarbeit führte schließlich dahin, dass den verschiedenen Verantwortlichen (aus Kirche, Politik sowie verschiedenen Fachvertretern; s. S. 11 u. 167 f) diese räumlichen „Notlösungen" vorgestellt wurden. Zahlreiche Gespräche, vor allem bezüglich einer Neubaumaßnahme, führten zu gegenseitigem Verständnis: „Investieren in die Kindheit lohnt sich", so das Ergebnis – auch in der Zeit von Sparmaßnahmen.

> Der situationsorientierten Ansatz fordert auch die Fachöffentlichkeit sowie politisch Verantwortliche auf, Qualitätsmerkmale zu beachten und auf diese Anforderungen zu reagieren.

Eine neue Raumkultur

Nach dem Abschluss der Baumaßnahmen (Erweiterung um eine Gruppe und Sanierung des Altbaus) im Juli 1996 kann von einer neuer, gelungenen Raumkultur mit und für Kinder gesprochen werden. Die bereits im Altbau bewährten Spielbereiche präsentieren sich nun in großzügigen, hellen, freundlichen und kindgemäßen Räumlichkeiten. Durch die vertrauensvolle Zusammenarbeit zwischen Praxis und Fachöffentlichkeit während der Planungsgespräche entstand eine neue Raumkonzeption nach der Idee des „offenen Kindergartens" unter Verwirklichung der Qualitätsmerkmale des situationsorientierten Ansatzes.
Die bauliche Ausführung unseres Kindergartens ist eher schlicht gehalten. Fenster und Türen zeigen sich in dezenten rauchblauen Farben, die

Treppen und Galerien sind in Holzausführung kombiniert mit Edelstahl. Auch die Einrichtung in Naturholz mit farblich abgestimmten Teppichen wirkt unaufdringlich und wohnlich. Von zusätzlichen Dekorationen wurde abgesehen, da die Gestaltungsfreiheit durch Kinder und deren Projekte als lebendige „Spielveränderungen" nicht eingeschränkt werden sollte.

Anmelde- und Erkennungswand

Um die Organisation der „offenen" Räume für alle Beteiligten klar und nachvollziehbar zu gestalten, entstand gemeinsam die *Anmelde- und Erkennungswand.* Alle Spielräume außerhalb der Gruppenzimmer sind mit einem typischen Foto gekennzeichnet. Diesem Bild sind so viele Sichtfenster zugeordnet wie freie Plätze für die Kinder einer „Heimatgruppe" im jeweiligen zusätzlichen „offenen Raum" zur Verfügung stehen. Nach der Entscheidung des Kindes für einen bestimmten Spielbereich steckt das Kind sein Foto in ein freies Sichtfenster.

Anmelde- und Erkennungswand

So ist für alle (Kinder und Erzieherinnen) erkennbar:

- welche Plätze frei sind,
- wo Freunde zum Mitspielen zu treffen sind,
- wo sich das einzelne Kind gerade aufhält.

Zusätzlich wird in jeder Heimatgruppe die Häufigkeit der einzelnen Raumwahl der Kinder schriftlich im Beobachtungsbogen festgehalten. Diese Übersicht dient dann beispielsweise auch als ergänzende Grundlage für Elterngespräche.

Werkstatt der Kinder

Der Raum

Die Einrichtung der Werkstatt besteht aus Werkbank, einer Lochwand für das Werkzeug, zwei Tischen mit Stühlen, einem Regal für die Werkstücke der Kinder, einem Waschbecken (auch für Tonarbeiten), Materialschränken, offenen Körben mit verschiedenem Material (Holzreste werden von

den Eltern besorgt), kleinen Kästchen mit geordneten, sortierten Nägeln und Schrauben und großen Körben mit verschiedensten Holzstücken. In der Regel sind bis zu vier Kinder in der Werkstatt.
Jedes Werkzeug, welches an der Lochwand seinen Platz findet (auch ein einfaches Holzbrett ist möglich), wird von der zuständigen Kollegin gemeinsam mit den Kinder anhand eines Beispiels besprochen und eingeführt. Der zweckmäßige Umgang ist den Kindern dann gut bekannt und vertraut. Der Umriss des Werkzeuges wird an der Aufbewahrungswand aufgezeichnet, damit die Kinder leicht den richtigen Platz wieder finden können.
Die intensive, konsequente Einführung gibt gegenseitiges Vertrauen und Sicherheit, beugt Unfällen vor und ersetzt weitgehend eine unmittelbare Aufsicht: Die Werkstatt wird vom angrenzenden Gruppenraum mitgeführt, zu dem es eine direkte Verbindungstür gibt. Ist Hilfe oder Unterstützung notwendig, kennt das Kind seine Ansprechpartnerin. Durch eine aufmerksame Begleitung kann die Erzieherin rasch erkennen, ob und wie die Kinder mit der Handhabung des Werkzeugs zurecht kommen und ob sie evtl. noch Unterstützung brauchen. Um dem kindlichen Bedürfnis nahe zu sein, ist zeitweise eine Kollegin fest in das „Werkstattgeschehen" integriert, d. h. mit den Kindern werden gemeinsam Ideen verwirklicht (u. a. auch Techniken wie Tonen, Arbeiten mit Pappmaché u. Ä.)

Regeln

Folgende Aussagen sind auf dem Regelplakat zu finden (mit Bildmotiven zur Erinnerung für die Kinder):

- Was will ich bauen oder ausprobieren?
- Holz überlegt aussuchen und für die Weiterarbeit vorbereiten!
- Sachgemäßen Umgang mit Werkzeug beachten!
- Fertige Werkstücke auf dem Regal trocknen lassen und den Arbeitsplatz wieder aufräumen!

An dieser Regelfindung sind die Kinder beteiligt. Die Erprobung der Notwendigkeit dieser Vereinbarungen findet gemeinsam statt. Über die Begleitung und genaue Beobachtung der Erzieherin in der Werkstatt können Regeln zusammen überprüft und evtl. über die Kinderkonferenz aktualisiert werden.

Beobachtungen

Mögliche Beobachtungsschwerpunkte in der Werkstatt:

Ausdauer – Konzentration – Sozialverhalten – Kreativität – Eigenständigkeit – Selbständigkeit – Grobmotorik – Feinmotorik – Phantasie – Interesse – Neigung – Freude – Begabung ...

Ziele

Folgende Zielaussagen sind auf einem Plakat für Besucher und Eltern übersichtlich dargestellt und dadurch gut nachvollziehbar:

- Fähigkeiten einschätzen lernen
- Grenzen erleben
- Interessen und Neigungen erkennen
- Konzentration und Ausdauer entwickeln
- auf Genauigkeit achten
- feinmotorische Förderung
- Abbau von Hemmungen und Ängsten
- Schwierigkeiten bewältigen lernen
- Verantwortung übernehmen
- sachgemäßen Umgang mit Werkzeug lernen
- Selbstständigkeit und Selbstwertgefühl entwickeln
- Umsetzen von Kenntnissen und Phantasie
- Notwendigkeit der Planung erkennen
- soziale Förderung im Erlebnis, nicht als „aufgesetztes“ Sozialthema (z. B. Hilfsbereitschaft)
- Teamgeist entwickeln
- Freude am handwerklichen, elementaren Tun
- mathematische Gesetzmäßigkeiten erfahren
- Umgang mit und Verwertung von Naturmaterial
- Wertschätzung von Materialien / Spielmaterial insbesondere durch die „eigene Herstellung“ und den „Reparaturservice“

Das freie Arbeiten und „Lernen“ in der Werkstatt ist ein Beispiel dafür, wie Kinder durch selbstständiges kreatives Tun ihre Erlebnisse und Eindrücke verarbeiten. In unserem Kindergarten entstanden so aus Holz, Korken, Stoffresten, Kronenkorken und Wollfäden beispielsweise schon ein Piratenschiff, eine Ritterburg, eine Marionette, ein Fernseher, ein Staubsauger, ein großes Flugzeug, ein Windspiel, ein Zirkus, ein Puppenhaus mit „Korkenpuppen“, Schiffe für das neue Sand-Wasser-Matsch-

Steine-„Bachbett“ im Garten und zur Weihnachtszeit bauten zwei Jungen *ihre* Krippe. Stolz stellen die Kinder ihre Werke auf offenen Regalen oder Strohballen aus und „dekorieren“ ihre Produkte nach ihren Vorstellungen. Am liebsten nehmen die Kinder ihre Werkstücke jedoch mit nach Hause oder sie integrieren sie in die vielfältigen Spielmöglichkeiten im Kindergarten.
Neue Wertschätzung und Achtung für Material erspüren und lernen die Kinder durch den „Reparaturservice“ in ihrer Werkstatt. Dabei wird reparaturbedürftiges Spielmaterial, wie z. B. der Dübel eines Holzautos, der locker ist und durch eine andere Möglichkeit ersetzt werden muss, in der Werkstatt gesammelt, um dort von Kindern wieder instand gesetzt zu werden. Verantwortungsbewusstsein, neue Lösungen suchen, Freude, aber auch die Beziehung zum Material sind entscheidende Ziele, die hier ihre Verwirklichung finden.

> Am Beispiel „Werkstatt“ ist erkennbar, dass lebensnahes Lernern in einem Sinnzusammenhang aus dem Bedürfnis des Kindes heraus geschieht. Die freien Spielmöglichkeiten stellen ergänzend zur Projektgestaltung Verarbeitungs- und Orientierungshilfen für Kinder dar. Freie Entscheidung, Verantwortlichkeit und Stärken der Kinder werden durch die Vielfalt der Räume angesprochen. Dabei bietet die Erzieherin in partnerschaftlicher Weise „Entwicklungsbegleitung“ an.

Pädagogisches Tagebuch

Diese Aussage lässt sich auch auf die anderen „offenen“ Spielräume/-bereiche anwenden.
In jedem dieser gruppenunabhängigen Spielräume liegt ein Beobachtungsheft oder „pädagogisches Tagebuch“. Hier werden alle für die Projektentwicklung notwendigen Erkenntnisse der Kinder schriftlich von Erzieherinnen festgehalten. Da die Kolleginnen sich abwechselnd in einem bestimmten Turnus in den „offenen“ Räumen in das Spiel der Kinder integrieren, können vielfältige Beobachtungen festgehalten werden, um eine möglichst objektive Sichtweise den Kindern gegenüber zu bekommen. In der wöchentlichen, protokollierten Dienstkonferenz mit allen Mitarbeiterinnen können darüber fachliche Diskussionen geführt werden.

Bücherei „Buchstabenbaum"

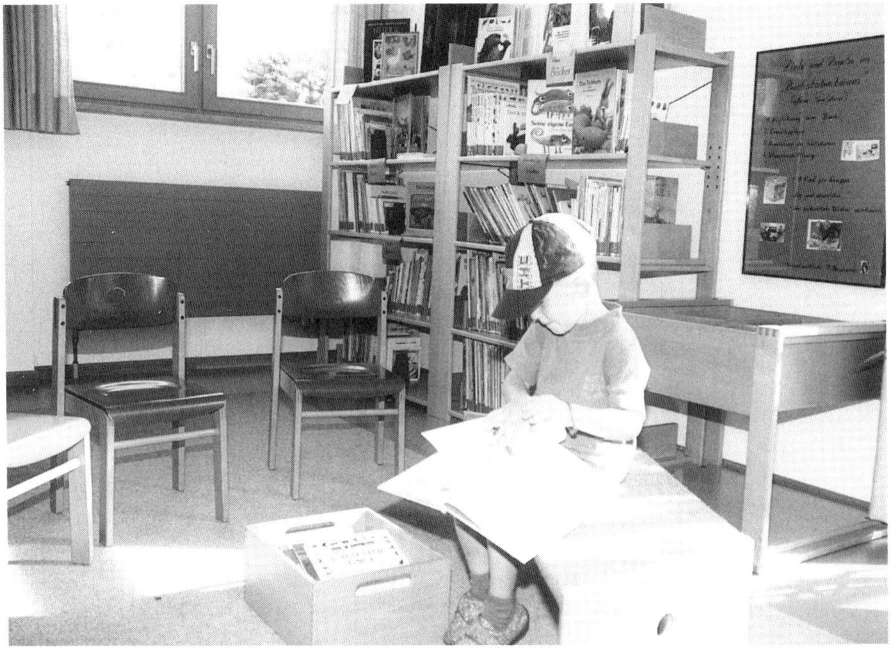

Der Raum

Die Einrichtung besteht aus offenen Bücherregalen mit nach Themen geordneten Büchern (durch Schilder gut gekennzeichnet), Trapezsitzbänken, die rund um einen Teppich angeordnet sind, einem Büchertrog, einem abschließbaren Vitrinenschrank für besondere Dokumentationen, einer Garderobe und einem Verwaltungsplatz mit einem Schreibtisch für Karteikarten, Kalender, Übersichtsplan etc. Die Bücherei liegt im Haupteingangsbereich des Kindergartens. Zwei separate Türen ermöglichen eine ungestörte Ausleihtätigkeit.
Die zuständige Ansprechpartnerin befindet sich im nahe gelegenen Gruppenraum.

Regeln

Folgende Regeln sind für Kinder in der „offenen Spielzeit" zu beachten (das „Regelplakat" mit den wichtigsten Ziele und die Büchereiordnung sind gut sichtbar aufgehängt):

- Alle Bücher im Büchertrog sind zum selbständigen Anschauen.
- Die Bücher in den Regalen dürfen nur mit Begleitung ausgewählt werden.
- 4 Kinder können gleichzeitig den Bücherraum nützen (Ausnahmen werden abgesprochen).

Positive Erfahrungen bringen die neuen Buchausleihzeiten für Kindergartenkinder (jeden Donnerstag von 9.30–10.00 Uhr). Stolz und eigenständig gehen die Kinder mit ihrer eigens dafür angefertigten Baumwolltasche und ihrem Leserausweis zum Bücherraum, um sich *ihr* Buch mit Hilfe der „Bibliothekarin", einer Mutter aus dem Kindergartenbeirat, auszuleihen.

Eine Begegnungsstätte

Eine kindergarteneigene Bücherei dient zum einen der fachlichen Ergänzung der Literatur in der Einrichtung, zum anderen zeigt sie sich als eine bedeutsame Begegnungsstätte von Kindern, Erzieherinnen, Eltern und dem gesamten „Netzwerk". Gemeinsame Lesungen mit Kindergarten- und Schulkindern (Schulkinder für Kindergartenkinder, mit Kinderbuchautoren oder mit Senioren) ermöglichen einen offenen Austausch. Dabei gilt es die Eigeninitiative von allen Beteiligten (Kindern, Erzieherinnen, Eltern, Schulkindern, Lehrkräften, den Bürgern aus dem Gemeindebereich) zu unterstützen und zu stärken. Zahlreiche Buchspenden sind die positive Reaktion darauf.
An einer großen Informationswand im Eingangsbereich des Kindergartens lädt ein „Buchstabenbaum" – ein Baum aus Stoffresten, der zusammen mit den Kindern gestaltet worden ist – zu Buchspenden ein. Aus einer Reihe von interessanten, nach Themenbereichen geordneten Buchvorschlägen, die von der zuständigen Kollegin in Zusammenarbeit mit dem verantwortlichen Kindergartenbeiratsmitglied erstellt wird, können Eltern mit ihren Kindern gemeinsam ein Buch auswählen, selbst besorgen und mit einer persönlichen Widmung der Bücherei spenden.
Positive Auswirkungen in der Zusammenarbeit mit der nahe gelegenen Grundschule zeigen die beliebten Besuche ehemaliger Kindergartenkinder zusammen mit ihrer Lehrkraft in der Bücherei. Auch die Gruppe „Hausaufgabenbetreuung", die von der Vorsitzenden des Kindergartenbeirats in der Schule betreut wird, kommt gerne auf kurze Zeit vorbei.
Verwaltet wird die Bücherei durch die Eltern, der Kindergartenbeirat ist

verantwortlich für die Einteilung der Eltern zum Bücherdienst. Selbst getöpferte Tassen mit dem Motiv „Buchstabenbaum“ entstanden über die „Kreative Elterngruppe“. Damit besteht die Möglichkeit in angenehmer Atmosphäre Gespräche bei einer Tasse Kaffee zu führen.

Die Kindergartenbücherei stellt eine gute Möglichkeit für einen kontinuierlichen Austausch mit den Eltern dar, sie ist eine Begegnungsstätte für alle „Netzwerkbeteiligten“ und bietet immer wieder die Gelegenheit, Interessierte an der pädagogischen Arbeit teilhaben zu lassen, damit sie den situationsorientierten Ansatz nachvollziehen können. Die Kinder werden früh an den Umgang mit Büchern und Ausleihdiensten herangeführt. Bücher werden für sie zum selbstverständlichen Teil ihres Lebens.

Rollen-spielraum

Der Raum

Die Einrichtung im Rollenspielraum (ca. 60 m^2) besteht vorwiegend aus älterem Mobiliar und bietet vielfältigste Spielmöglichkeiten: Kinder werden so ermutigt, im Wohnbereich, in der Verkleidungsecke, im Friseursalon mit Schminkecke, auf der selbst gebauten Kinder-, Kasperl- und Marionettenbühne, im Kinderbüro (mit einer funktionierenden Schreibmaschine), in der „Schule" (mit alten Schulbänken und einer Tafel), in der „Arztpraxis" (mit Krankenliege, Arztkoffer etc.), auf zwei „Nostalgie"-Schaukelpferdchen, in der Verkleidungsecke mit Garderobe und einem großen Spiegel oder in der Kuschelecke ihrem Bedürfnis nach selbst bestimmtem Rollenspiel freien Lauf zu lassen. Die „Kreative Elterngruppe" unterstützte die Ausstattung dieses Raumes mit viel Engagement: Die Vorhänge zur Kinderbühne wurden genäht und liebevoll dekoriert, es entstand ein Bühnenbild und eine große Anzahl selbst gestrickter Kasperlfiguren laden Kinder zum Spielen ein. Verkleidungsutensilien, vor allem Hüte, Schleier, lange Röcke u. Ä. sammeln Eltern gerne, um die Spielmöglichkeiten weiter zu bereichern. Nach den Ideen der Kinder fertigte der Hausmeister mit deren Beteiligung aus alten Eichenbrettern die Bühne. Der Wunsch der Kinder eine „Dreifachbühne" (Kinder-Kasperl-Marionettenbühne) zu bekommen, konnte so realisiert werden.

Beobachtungen und Projektentwicklung

Die wichtigsten Zielbereiche und Regeln sind auch hier gut sichtbar auf Plakaten im Raum angebracht. Die Erzieherin lässt sich in das Spiel integrieren, zeigt Anteilnahme, nimmt die Kinder in ihrer Rolle ernst und kann durch genaues Beobachten begleiten oder eingreifen, falls der Spielprozess der Kinder dies erfordert. In diesem Raum ist in der Regel eine Kollegin fest anwesend. Wichtige Erkenntnisse für die Projektentwicklung gewinnen die Erzieherinnen hier durch bestimmtes Rollenverhalten (Ausdrucksformen) der Kinder. Immer wiederkehrendes Spiel, Erzählungen der Kinder oder verschiedene Gefühlsverhaltensweisen geben deutliche Hinweise auf Erlebnisse, die die Kinder beschäftigen.

Der Rollenspielraum bietet Kindern einen echten Lebensraum, in dem vielfältige Möglichkeiten zur Verarbeitung erlebter Ereignisse gegeben sind. Vertiefungs- und Veränderungsprozesse im Spiel werden „zeitlos" zugelassen und bedeutsame Ausdrucksformen von Kindern geben wichtige Hinweise für die Projektentwicklung.

Bauraum

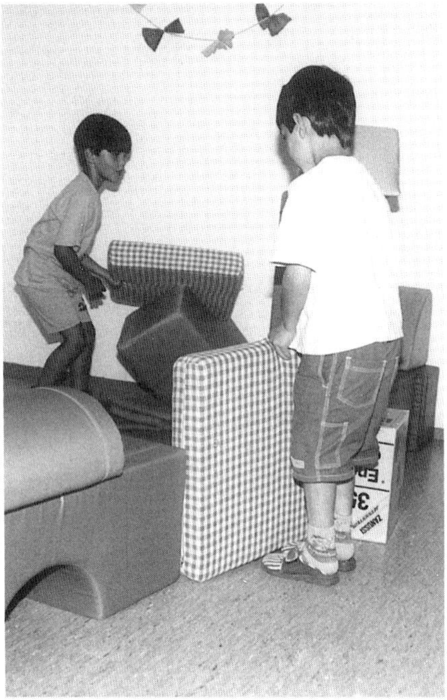

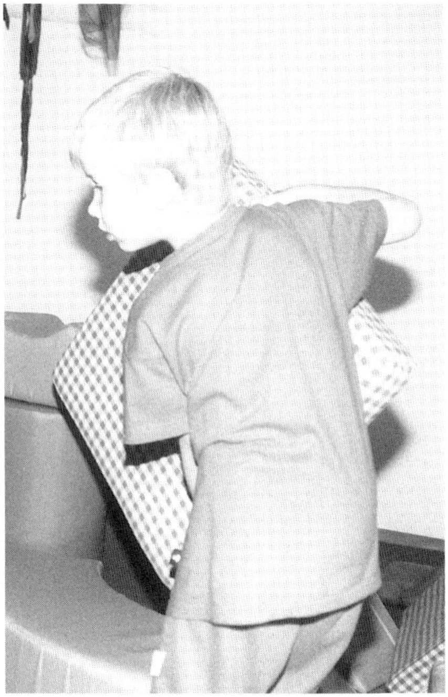

Der Raum

Mit drei Teppichen, einer zweiten erhöhten Spielebene aus teppichüberzogenen Trapezbänken, großen Schaumstoffbausteinen, einer Holzeisenbahn, den unterschiedlichsten Naturbausteinen, großen Kartonwürfeln, Decken und großen Tüchern bietet der Bauraum zahlreiche Möglichkeiten kreativ zu spielen und eigene Ideen zu verwirklichen. Großzügige Bodenflächen laden hier zur Gestaltungfreiheit ein. Die Ansprechpartnerin ist im nahe gelegenen Rollenspielraum.

Regeln

Mit den Kindern sind Vereinbarungen getroffen worden, wie z. B. „Bausteine nicht werfen", oder „Achtung vor den Werken anderer". Die Kinder bemühen sich stets, diese Regeln zu beachten.
Auch in diesem Raum sind das Regelplakat (mit Symbolen für die Kinder) und die wichtigsten Zielbereiche an einem gut sichtbaren Platz an der Wand zu finden.

Im Bauraum erfahren Kinder eine Fülle von Spielformen wie Bewegungs-, Gestaltungs- und Entdeckungsspiele, die in freien, selbst bestimmten Entscheidungen vollzogen werden.

Nutzung des Eingangsbereichs

Die bereits beschiebenen Räume und die neu erweiterte Gruppe „Biberburg" befinden sich im unteren Eingangsbereich. Hier lädt eine große ovale Sitzgruppe zu Gesprächen mit Eltern ein. In unmittelbarer Nähe befindet sich hier eine Videoanlage u.a. für:

- Intensive Beobachtungsstudien der Kinder (etwa zur Analyse von Verhaltenssignalen);
- Videofilme, die bei Projekten entstanden sind und mit Kindern, Eltern angesehen werden können;
- Informationen zur Verdeutlichung der Konzeption (Hospitations- und Seminargruppen).

Eine Ausstellung, die gemeinsam mit den Eltern erstellt wurde, zeigt Besuchern die einzelnen Entwicklungsschritte unserer Konzeption. Das Zeichen, zur Dorfgemeinschaft zu gehören, setzt die Kindergartenfahne, die liebevoll von Eltern gestaltet wurde und dekorativ am Rande der Sitzgruppe ihren Platz hat. Informationswände stellen wichtige Formen der Kommunikation dar. Verschiedene Plakate wie „Eltern informieren Eltern", „Der Kindergartenbeirat stellt sich in seinen Arbeitsbereichen vor", „Die Kinderredaktion stellt vor", „Das Kindergartenteam mit seinen Verantwortungsbereichen", aktuelle Schwerpunkte in der Konzeptionsgestaltung vor allem im Bereich der Öffentlichkeitsarbeit usw. dienen der anschaulichen Darstellung und der Transparenz des pädagogischen Ansatzes.

In der ersten Etage bewohnen die Kinder drei weitere Gruppenräume, den „Fuchsbau", die „Bärenhöhle" und das „Spatzennest". Außerdem können sie den Musikexperimentierraum, den Malraum, den Sand-, Matsch- und Modellierbereich und die Bewegungsbaustelle nutzen.

Musik-experimentier- und Bewegungserfahrungsraum

Der Raum

Im Musikraum laden verschiedene Instrumente, Trommeln, selbst gefertigte Bongos aus Senegal (vgl. S. 144), Handinstrumente (wie Glockenbänder, Schellen, teils in der Werkstatt gefertigte Rasseln etc.) zum Musikmachen ein. Ihre Ansprechpartnerin finden die Kinder im angrenzenden Gruppenraum „Fuchsbau".
Motiviert entstehen hier zum Beispiel von Kindern selbst gezeichnete „Drehbücher" für musikalische Geschichten, die sie anschließend im Rollenspielraum umsetzen. Natürlich können die Kinder auch nach Lust und Laune einfach „auf die Pauke" hauen und ausprobieren, wie die Instrumente klingen.

Regeln

Bei der demokratischen Regelfindung in der Kinderkonferenz haben sich die Kinder mit den Erzieherinnen auf folgende Vereinbarungen geeinigt:

- achtsamer Umgang mit den Instrumenten;
- Rücksicht auf andere Mitspieler nehmen;
- vier bis acht Kinder können gemeinsam Musik machen.

Die Erzieherin begleitet die Kinder in diesem Raum, greift ihre Ideen auf, integriert sich nach Möglichkeit selbst in das „Musik-Bewegunggspiel" und entwickelt Inhalte mit. Im Musikraum kann das Kind

Ziele

- im Medium Musik Beziehung aufnehmen zu Objekten, zum Partner, zur Gruppe;
- verschiedene Instrumente an ihren Klangfarben erkennen;
- Tonbewegungen und Tondauer mitvollziehen und selbst erzeugen,
- Lieder und melodische Improvisationen ryhthmisch begleiten;
- sich mit einer bestimmten Kraft zur Musik bewegen;
- rhythmische Bewegungsfähigkeiten erproben.

Vernetzung

In vernetzter Arbeitsweise nach außen entstehen hier Kontakte unterstützender und begleitender Art mit Eltern, mit dem Kirchenchor und der Kinderchorgruppe im Dorf. Ein Höhepunkt des Projekts „Mutig sein" war ein „Baumhausfest" (vgl. S. 115 ff). Dazu fanden die Kinder mit Unterstützung der Erwachsenen passende Melodien für die „Räuber", die „Baumhauskinder", die „gefährlichen Aktionen in fremden Ländern" usw. Dieses Fest zusammen mit Eltern und Interessierten zu feiern war Wunsch der Kinder. Sogar ein Teil des Kirchenchores mit dem Chorleiter, Väter aus der Männergesangsgruppe und interessierte Schulkinder beteiligten sich. Sie alle lernten von und mit den Kindern zusammen die ausgewählten Lieder und begleiteten teils mit Sprechgesängen und verschiedenen Rhythmen dieses gemeinsame Erlebnis, bei dem die Kinder „den Ton angaben". Der Rollenspielraum wurde zum „Indianerland" und im Malraum bedruckten Kinder ihre Kostüme. Der Kindergartenbeirat entwarf und gestaltete mit Hilfe der Kinder eine aufregende Bühnendekoration. Die entwickelte Spielfreude bei diesem Projektabschluss ließ diese Aktionen zu einem „realen Teil" der Einweihungsfeier des neuen Kindergartens werden. In dieser neuen Vorgehensart, zusammen in Beziehung zu treten und gemeinsam Aktivitäten zu entwickeln, war das Projekt „Mutig sein" für alle Beteiligten ein besonderes Erlebnis und eine wichtige Erkenntnis.

Im Musikraum findet der situationsorientierte Ansatz durch das Erleben von lebendigen, rhythmischen „Bewegungen" der Kinder, in denen ganzheitliche Fertigkeiten und Fähigkeiten erprobt werden, seine Bedeutung.

Mal- und kreativer Gestaltungsraum

Der Raum

Dieser Spielraum bietet allen Kindern lustvolles, kreatives Arbeiten mit Farben und Bastelmaterial. Die Erzieherin greift die Ideen der Kinder auf, gestaltet mit und unterstützt bei den verschiedensten Maltechniken.
Der Malraum lädt mit einer großen Malstaffelei mit zwei Drehhockern und fünfzehn bunten Malkitteln, die an einer Holzwand auf ihre Benützer warten zum Malen und Farbgestalten ein. In offenen Regalen liegen die verschiedensten Papiersorten und -formen (Streifen, Karten, Karton, dünneres und stärkeres Papier für Wasserfarben u. Ä.) bereit, ein reichhaltiges Farbensortiment (übersichtlich geordnet mit Wasserfarben, Fingerfarben, Holzmalstiften, Wachsmalkreiden u. Ä.) steht zur Auswahl. Ein Papiertrockenwagen, ein Tisch mit sechs Stühlen und ein Waschbecken mit Ablage, verschieden lange Holzleisten für eine „Bildgalerie" für Zeichnungen, die die Kinder gerne ausstellen wollen, ergänzen die zweckmäßige Einrichtung.

Die Produkte, die in der Werkstatt entstanden sind, können hier angemalt werden und erhalten so einen weiteren individuellen „Anstrich".

Regeln wie Hände waschen nach dem Malen, den Malkittel an den Haken an der Holzwand zurückhängen, die Zeichnungen anderer Kinder nicht werten (Modellverhalten der Erzieherinnen) und ungestörtes Arbeiten ermöglichen sind für Kinder und Erwachsene auf einem Plakat festgehalten. Regeln

Warum Kinder eine Malwerkstatt brauchen, können Eltern auf einer Infowand nachlesen: Ziele

- Ausformung individueller Unterschiede
- Entwicklung des eigenen Stils – Selbstbewusstsein – Selbständigkeit
- Förderung der Vorstellungskraft und der manuellen Geschicklichkeit
- Verwirklichung von Ideen – Ausdruck von Beziehungen zu Dingen und Personen
- selbstständiger Umgang mit verschiedenen Materialien
- Entwicklung der Kreativität
- Ausprobieren – Sensibilität gegenüber Farben und Formen
- Formung des Gefühlsausdruckes
- Kontaktaufnahme, Erfolgserlebnis, Bestätigung, Freude am Tun, Mitteilungsdrang
- Gespräche zwischen Kindern, neue Freundschaften, Spontaneität, seelische Therapie
- Pflege des ästhetischen Sinnes, Heranführen an Kunst
- Wertschätzung anderer Menschen
- Tun in der Gemeinschaft, Toleranz gegenüber anderen, Rücksichtnahme, Hilfsbereitschaft

In freier Gestaltungsentscheidung (ohne Themen- und Farbenvorgabe) können Kinder durch kreatives Schaffen ihre inneren Befindlichkeiten ausdrücken und wertfrei ihre Erzähl- und Ausdrucksform zeigen. Wichtige Erkenntnisse für die Erzieherinnen bieten sich in dieser Art der feinmotorischen Tätigkeit für die Erstellung von Lebensplänen der Kinder: Kinderbilder sind Spiegelbilder der Seele.

Sand-, Match- und Modellierbereich

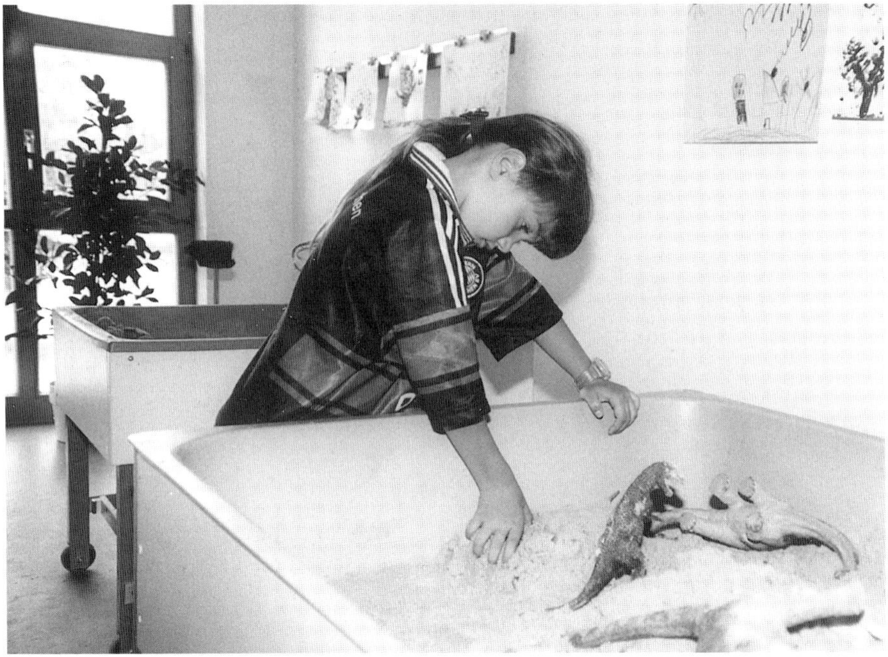

Der Raum

Dieser „offene“ Spielbereich ist von besonderer Bedeutung. Mit zwei Knettischen (ein Tisch mit einer abdeckbaren Vertiefung in der Mitte für die Aufbewahrung der Knetmasse) und zwei Sandspieltischen bietet er den Kindern einen grundlegenden Erfahrungsbereich mit Naturelementen. Kleine Muscheln und Steine und ähnliches Material bereichern und beflügeln das phantasievolle Spiel der Kinder. Der Sand wird mit Wasser vermischt, so dass richtige Wassergräben und Burgen entstehen können. Die selbst hergestellte Knete ist besonders anschmiegsam und weich zu kneten und damit für die Kinderhände gut geeignet. Die unterschiedlichsten Materialien wie Salzteig oder Ton sorgen für Abwechslung beim Formen und Gestalten. Hier entstehen dann Produkte, die im Malraum oder in der Werkstatt noch weiter bearbeitet werden können. Damit sind die offenen Spielräume auch miteinander „vernetzt“.
Die Ansprechpartnerin und „Begleiterin“ für diesen Spielbereich finden die Kinder in der nahe gelegenen Gruppe.

Zusammen besprochene Regeln und die wichtigsten Zielbereiche sind auch in diesem Bereich gut bedacht und überlegt. Folgende Regeln sind zu beachten: Regeln

- Die Kinder gehen nach Beendigung des Spiels zum Händewaschen.
- Wenn nötig, kehren die Kinder den Boden (eine Kehrgarnitur mit Abfalleimer steht in unmittelbarer Nähe bereit).
- Die Kinder krempeln beim Spielen ihre Ärmel hoch.
- Acht Kinder finden hier Platz zum Spielen.

Die Erfahrungen zeigen, dass vor allem unruhige Kinder gerne diesen Bereich aufsuchen. Wer Kinder hier beobachtet, spürt, wie „zeitlos" sie sich ihren inneren Empfindungen hingeben und zum Beispiel genussvoll den feinen Sand durch die Finger rieseln lassen. Auch ist den Kindern die deutliche natürliche Anspannung oder auch Anstrengung anzusehen, wenn ein großer Sandberg unterhöhlt wird oder eine mühevoll glattgewalzte Autobahn in einer bergigen Landschaft entsteht. Komplette „Bäckereien" oder „Pizzageschäfte" können am Knettisch bewundert werden und nicht selten ergeht an die Erziehein die Einladung zum Besuch, um dies liebevoll dekorierten Leckereien „mitzuessen". Ziele

Die wichtigsten Zielbereiche sind folglich:

- Spaß und Freude im Umgang mit Sand und Knete erleben.
- Kneten und Matschen ermöglicht den Abbau von Aggressionen.
- Die Kinder sammeln mit Sand und Knete erste gestalterische Erfahrungen.
- Der Tastsinn wird durch Naturelemente sensibilisiert.
- Die Tätigkeiten in diesem Bereich haben therapeutische Wirkung.

Das elementare Schaffen mit Naturelementen, wie Wasser, Sand und Steinen im Innen- und Außenraum bietet vor allem unruhigen Kindern Verarbeitungshilfen. Im Sinne des situationsorientierten Ansatzes ist durch Kneten und Matschen eine therapeutische Wirkung gegeben.

Bewegungs-baustelle / Turnraum

Der Raum

Die „Bewegungsbaustelle“ ist etwa 70 m^2 groß und besteht aus: einem Kombinationskletterelement, verschiedenen Bodenmatten, einem transparenten Kriechtunnel, verschieden großen Kartons, größeren Schaumstoffkissen, Wasserbällen, einem Luftballonsack (aneinandergenähte Bettüberzüge mit nicht ganz aufgeblasenen Luftballons gefüllt), einem Turm, der mit einer Rutschbahn verbunden ist, zwei Hüftpferden, großen Tüchern und Decken. Hier können sich die Kinder nach Herzenslust austoben und Höhlen bauen.

Dem Erfindungsreichtum sind keine Grenzen gesteckt: So entstand beispielsweise aus einer Bodenmatte mit zwei Holzgymnastikreifen ein „Schaukelboot“. Dabei wurde die Matte in die Reifen gesteckt. Wenn die Kinder sich in dieses „Boot“ setzen, können sie es mit leichten Schaukelbewegungen wie auf Wellen bewegen. Aber auch das Rennen und Toben, das in diesem Raum dazugehört, ist wichtige Voraussetzung für die ganzheitliche Entwicklung im Kindergarten. Die Erzieherin ist als feste Partnerin der Kinder in diesem Raum anwesend und lässt sich je nach Spielidee der Kinder in das Geschehen integrieren.

Regeln und Ziele

Demokratisch vereinbarte Regeln sorgen für die nötige Sicherheit und das Verständnis der Kinder untereinander.
Freie Bewegungsmöglichkeiten statt einer zeitlich festgelegten Turnstunde geben den Kindern die Chance, nach ihrem Bewegungsbedürfnis zu entscheiden. Kann inneres Bewegungsverlangen nicht ausgelebt werden, sind seelische Verspannungen und Aggressionen als Folge von Fehlverhalten in der Gruppe zu erkennen. Kinder im freien Bewegungsspiel zu beobachten liefert der Erzieherin wichtige Hinweise über die Entwicklung der Bewegungsfähigkeit und die körperliche Entwicklung.

Im Sinne von situationsorientiertem Arbeiten ist die freie Bewegung eine Ausdrucksform kindlicher Erlebniswelten, die Aufschlüsse für die Erstellung von Lebensplänen gibt, damit dann in Einzelaktionen oder Projekten Verarbeitungshilfen angeboten werden können.

Traumland und Ruhebereich „Mondschaukel“

Ruhe, Erholung, Sich-Zurückziehen und Träumen ermöglicht das Traumland und der Ruhebereich „Mondschaukel“. Dieser Spielraum ist bewusst in der zweiten Etage, in der oberen Galerie gelegen, um von den übrigen Aktivitäten des Hauses besser abgeschirmt zu sein.

Der Raum

Die Einrichtung besteht aus zwei großen Teppichen, sechs Klappliegesesseln und einer Kinderpolsterbank. Eine Wasserblubbersäule mit einer Farbeffektscheibe „malt“ dezente bunte Punkte an die Wand. In einem ca. 1,50 m hohen Spiegelzelt (Dreieckform mit drei nach innen gewendeten Spiegelflächen) können die Kinder besonders zauberhafte Erfahrungen machen: Buntes Legematerial erscheint in vielen Variationen in der Höhe und Tiefe der Spiegelflächen, ähnlich wie bei einem großen Kaleidoskop. Ein paar Schleier aus Tüll mit Glitzerpunkten und leichte bunte Baumwolltücher motivieren die Kinder sich zu verkleiden. Sich damit im Spiegel zu betrachten stellt für die Kinder eine neue, faszinierende Erfahrung über die eigene Person dar. Die Farben des „Traum-Raums“ sind in Blauschattierungen mit einem Sonne-Mondmuster gehalten. Im gleichen Stoffdesign zieht sich ein Vorhang über die gesamte Breite, um diesen Spielbereich abzudunkeln. Je nach Wunsch der Kinder erklingt eine ruhige Meditationsmusik in der „Mondschaukel“, welche eine entspannende Atmosphäre und Stimmung verbreitet. Große Pflanzen tragen zur erholsamen Wirkung des Ruheraums bei.

Regeln

Die Kinder wissen auch hier wiederum, wo sie die zuständige Ansprechpartnerin für die „Mondschaukel" finden. Die Regeln für diesen Raum lauten: Zu Beginn des Spiels werden die Hausschuhe ausgezogen. Die Akzeptanz der Ruhe und des leisen Spielens ist für alle Bedingung. Dies bedeutet nicht, dass sich die Kinder hier nicht nach ihrem Bedürfnis bewegen und spielen können, mit den wilderen Spielen und Bewegungen im Turnraum darf dies aber nicht verwechselt werden. In diesem Fall werden die Kinder erinnert, sich ihre Entscheidung für die „Mondschaukel" nochmals zu überlegen.

Dem Recht des Kindes auf Ruhe und Erholung wird hier mit einem Ruheraum Rechnung getragen. „Investieren in Kindheit" lohnt sich, wenn all den Irrationen, die Kinder heute zeigen, frühzeitig begegnet werden soll, damit Kindern bestmögliche Entwicklungschancen für ihren Reifeprozess geboten werden.

Beispiel eines Gruppenraumes

Der Gruppenraum oder die „Heimatgruppe" ist den verschiedenen Namen entsprechend wohnlich und mit Freiräumen gestaltet. Die Gruppe ist während der „offenen Spielphase" entzerrt. Somit haben die verbleibenden Kinder wesentlich mehr Spielfreiheiten und Platz – mehr als gesetzlich vorgesehen. Die Heimatgruppe bietet Rückzugsmöglichkeiten; aber sie vermittelt nicht nur Geborgenheit (hier sind nur die in dieser Gruppe beheimateten, d. h. angemeldeten Kinder, die gruppenübergreifende Begegnung findet vorwiegend in den Spielräumen außerhalb der Gruppen statt, dies schließt gegenseitige Besuche jedoch nicht aus), sondern bietet durch die gewonnenen Freiräume zahlreiche Aktivitätszonen für die Kinder. Eine Werk- und Bastelecke (ein großer Tisch mit einer Fläche von 1,20 x 1,60 m) dient mit vielfältigem Material wie Korken, Seiden-, Ton- und Buntpapier, Märchenwolle, Wellpape, Wollfäden, Papprollen, Moos, Strohhalmen u. Ä. zur Gestaltung nach Ideen der Kinder und in Sinnverbundenheit zur Projektentwicklung. Ein großer Kinderkonferenzplatz (ein Teppich, 2,50 x 3,50 m) stellt den Mittelpunkt des Gruppenraumes dar, eine Frühstückstheke für Kinder und eine unter einer Treppe gelegene Nische lassen freies Spiel zu.
Während der sog. „offenen Spielzeit" ist eine Erzieherin fest in der Gruppe zur intensiven Begleitung der Kinder anwesend.

Im situationsorientierten Kindergarten ist die Heimatgruppe der Raum, wo Spiel in seinen vielfältigsten Formen unter aktiver Teilnahme der Erzieherin (Nähe zu den Kindern) stattfinden kann.

Offene Spielräume sind Lebensräume

In Ergänzung zur Projektarbeit mit Kindern weisen die „offenen" Spielräume entscheidende Merkmale zur Umsetzung und Verwirklichung einer situationsorientierten Pädagogik auf.
Die Kinder finden mit einer vielfältigen, klar strukturierten Regelung im Kindergarten zahlreiche Spielmöglichkeiten als „Lebensräume", in welchen nach eigenem Bedürfnis und persönlicher Entscheidung Spiel im selbst bestimmten Rhythmus „An- und Entspannung" nach innerem Verlangen verwirklicht werden kann. In diesen Räumen steht „nicht das Lernen im Vordergrund, sondern das Erfahren von Sinnzusammenhängen, bei dem ein Lernen geschieht", ein „Lernen als Folge des aktiven Tuns" (A. Krenz, „Der ‚Situationsorientierte Ansatz' im Kindergarten", S. 40).

Aktionskreis der Kinder

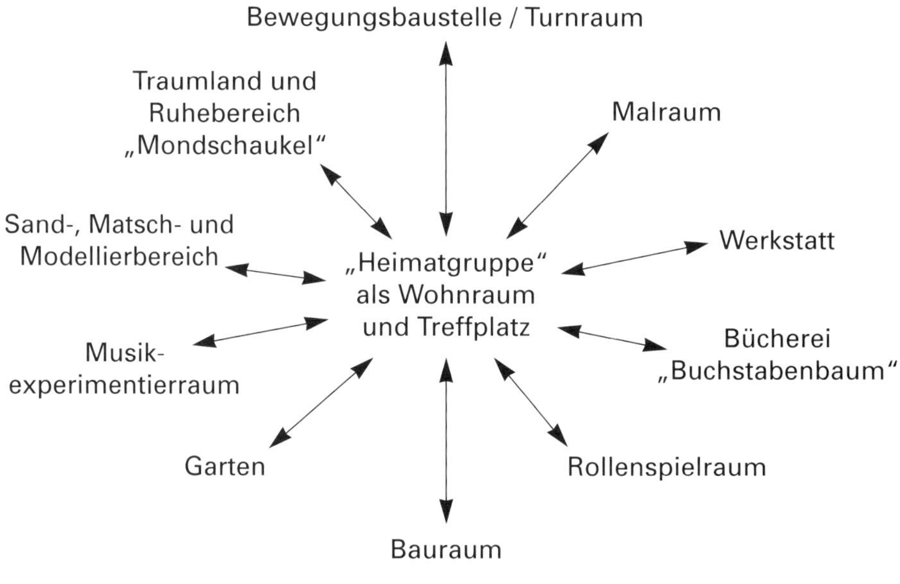

c) Projekte mit Kindern

Immer wieder berichten Kolleginnen, sie müssten eine „kindgerechte Umgebung“ (bunte Kindermotive etc.) schaffen und durch sog. Beschäftigungen und didaktische Einheiten Lerninhalte vermitteln, um pädagogisch richtig und nachweisbar zu handeln. Diese falsch verstandenen „Methoden“ bieten jedoch Kindern keine Hilfen, ihre inneren „Themen“ anzupacken und zu verarbeiten.
Gemeinsame Aktivitäten von Kindern und Erzieherinnen, die aus dem inneren Bedürfnis, d. h. aus echten inneren Beweggründen (Sorgen, fehlende Identität, Angst u. Ä.) der Kinder kommen, sind im situationsorientierten Kindergarten die Ausgangsbasis für Verarbeitungshilfen, um Kinder von Irritationen zu befreien. Zusätzlich zur Einzelaktivität werden in der gemeinsamen Projektentwicklung durch entsprechende Themen Belastungen „ausgelebt“.

Schritte zur Projektentwicklung

Voraussetzung zur Projektarbeit sind genaue Beobachtungen und ein gutes Kennenlernen der einzelnen Kinder. Dabei ist verstärkt auf Ausdrucksformen der Kinder zu achten, diese sind zu hinterfragen und zu entschlüsseln, um darauf aufbauend dem einzelnen Kind angepasste pädagogische Handlungsschritte folgen zu lassen. Im situationsorientierten Kindergarten bezeichnen Erzieherinnen diese detaillierten Beobachtungen, die über das Kind-Verhalten genaue Erkenntnisse geben, als *Lebensplan*. Dazu ist weder eine Therapie noch ein gesondertes Studium notwendig oder gefordert. Mit jeder kindlichen Verhaltensweise signalisieren Kinder Erwachsenen ihre seelische Befindlichkeit. Dabei sind grundlegend sechs Ausdrucksformen, nämlich *Verhalten, Spiel, Bewegung, Sprache, Malen* und *Träume* zu beobachten. Dies geschieht durch das Führen von Beobachtungsheften und pädagogischen Tagebüchern.
Jeder Praktiker weiß, dass diese vielfältigen „Spiegelbilder“ der kindlichen Seele, die sich durch bestimmtes Verhalten im Kindergartenalltag zeigen, oft als „störend“ oder „auffallend“ bezeichnet werden. Die Aussage, daß es eigentlich keine „schwierigen“, sondern nur unverstandene Kinder gibt, macht Verantwortliche immer wieder betroffen. Dabei zeigt die situationsorientierte Praxis durch die „Entlastungspädagogik“ täglich verblüffende Änderungen im Verhalten der Kinder. Von entscheidender Bedeutung ist es, Eltern durch Beratungs- und Austauschgespräche mit

einzubeziehen. Erstaunliche, ja faszinierende Erlebnisse in der Beziehung zwischen Erzieherinnen und Kindern geben der pädagogischen Arbeit hier eine neue, fundierte Fachlichkeit.
Auch ein belasteter Erwachsener ist teilweise (oder zumindest unter erschwerten Bedingungen) nicht in der Lage, frei und konzentriert an seinem Arbeitsplatz die geforderte Leistung zu bringen. Dabei kann durch persönliche Reife einiges rational gesteuert werden, wozu Kinder noch nicht fähig sind. Umso wichtiger ist es, ihnen Sicherheit durch Verstehen zu geben, neugieriges Verhalten durch ein reizarmes, interessantes Umfeld zuzulassen und ihnen Handlungsfreiräume mit einem hohen Maß an Erfahrungen zu ermöglichen.

Ein symbolisches Bild kann dies verdeutlichen: „Es kommt nicht darauf an, dass Kinder noch mehr in ihren ‚Rucksack' an neuen Erfahrungen aufnehmen, sondern Möglichkeiten erhalten, ihren Rucksack zu öffnen und sich von Erfahrungen / Irritationen zu befreien, indem sie sich entlasten" (A. Krenz, „Bewegung im ‚Situationsorientierten Ansatz'", S. 26).

Grundsätzlich gilt: Jede Handlungsweise / Ausdrucksform von Kindern ist begründet. Innere Freiheit bewirkt Handlungsfreiheit.
Diese Leitgedanken sind wegweisend für den pädagogischen Handlungsbedarf von Erzieherinnen. Viele Erlebnisse innerhalb und außerhalb des Kindergartens zeigen eine Bündelung von verschiedenen Reizen, unverarbeiteten Eindrücken oder Erfahrungen auf, die durch treffende Themenauswahl innerhalb von Aktionen Verarbeitung finden. Projektthemen sind somit innere Themen der Kinder. Mit Impulsen statt konkreten Absichtserklärungen trägt die Erzieherin in ihrer Rolle als Entwicklungsbegleiterin zu lustbetonten Handlungsaktivitäten von Kindern bei.

Befreiung von Belastungen und Irritation durch die Projektarbeit führt zu emotionalem Wohlbefinden, was eine freie Handlungsaktivität und Leistungsbefähigung bei Kindern bewirkt. Dadurch ist die Möglichkeit einer unbelasteten Persönlichkeitsentfaltung gegeben. Kinder entwickeln so Stärken, Fähig- und Fertigkeiten, um kompetente Lebensprozesse aufbauen zu können.

Erfährt ein Kind durch die Erzieherinnen enge Begleitung in seiner Angstbewältigung oder aggressivem Verhalten, wird eine Vertrauensbeziehung durch Verstehen aufgebaut. Durch die Erfahrung von Nähe und wertungsfreies Verhalten der Erwachsenen erkennt das Kind nach und nach, dass Aggressivität oder ein Sichzurückziehen nicht mehr nötig ist.

Beispiel Stefan

Dazu ein Beispiel: Der knapp sechsjährige Stefan wechselt durch Umzug den Kindergarten. Die Einschulung wurde abgelehnt, da vermeintliches „schulunfähiges Verhalten“ des Kindes vorliegt. Drei Jahre lang hatte Stefan von Erwachsenen gewertete „Misserfolge“ erlebt. Anfangsbeobachtungen im situationsorientierten Kindergarten ergaben nun ein ständiges Verweigern von Aktivitäten, er brach aus der Gruppengemeinschaft aus, indem er laut schrie und am Boden lag, oder er zerstörte die von anderen Kindern aufgebauten Spielsachen. Zeichnungen (wenn überhaupt) sollten mit Lineal angefertigt werden, immer wieder machte er Äußerungen wie „Es wird sowieso nichts!“ oder „Es gefällt sowieso keinem!“ – so bei einem Werkstattbesuch, als er, durch die anderen Kinder neugierig geworden, einen ersten vorsichtigen Versuch wagte, mit verschiedenen Materialien etwas kreativ zu gestalten. Das (meist noch nicht fertige) „Produkt“ zerstörte er selbst, indem er es brutal durch den Raum warf oder zertrat. Schwer fiel ihm auch selbstständig logisch aufeinander folgende Arbeitsschritte praktisch zu vollziehen (bisher war er nur nach kontrollierter Anweisung „tätig“). Auch waren Berührungsängste spürbar. Der unwillige Gesichtsausdruck – verbunden mit der Äußerung „interessiert mich nicht“ – waren bei gemeinsamen Vorhaben, wie zum Beispiel das Sammeln von Obst in der nahe gelegenen Plantage, deutliche Zeichen für innere Irritationen. Bevorzugt spielte Stefan mit jüngeren Kindern.

Das kontinuierlich erlebte negative Bild der Um- und Mitwelterfahrung führte zu diesen Reaktionen. Im situationsorientierten Kindergarten werden durch die Erstellung von sog. Lebensplänen der einzelnen Kinder (Beobachtungen des Spielverhaltens und der Spielauswahl der Kinder, ihrer Erzählthemen, ihrer Zeichnungen und ihres Bewegungsbedürfnisses) die vielfältigen Verhaltensweisen festgehalten, um danach die Themen zur Verarbeitung in einem Projekt aufzubauen.

Folgende Fragestellungen bringen Erzieherinnen in der Folge näher an das Lebensthema des einzelnen Kindes heran:

- Was drückt das Kind in seinem Verhalten aus?
- Welcher Erzählwert steckt in seinen Aussagen?
- Welche Verarbeitungshilfen benötigt das Kind?

Lebensplan für *Stefan*

Datum	*Beobachtungen der Ausdrucksform des Kindes* Was tut das Kind genau – Verhalten? Wie ist sein Bewegungsverhalten – Bewegung? Was träumt das Kind – Träume? Was sind seine Erzählthemen – Sprache? Was, wie, womit spielt das Kind? – Spiel? Was und wie malt das Kind – Malen und Zeichnen?	*Erzählwert* Entschlüsselung der Ausdrucksformen: Kernproblem des Kindes?	*Verarbeitungshilfen* Was sucht / braucht das Kind?
	- verweigert Aktivitäten, Vorhaben in der Gruppe: unwillig, streitsüchtig mit Gleichaltrigen, achtsam mit jüngeren Kindern - zerstört andere Spielsachen; oberflächliches Spiel, ist gleichzeitig in verschiedene Spielinhalte eingebunden, bleibt dort nur kurze Zeit - lautes Ausbrechen aus der Gruppengemeinschaft - wiederholte Äußerung: „Das kann ich nicht" - malt (wenn überhaupt) nur mit Lineal; gestaltet und malt, zerstört diese Dinge anschließend - erzählt häufig von Fernsehfilmen ...	- ich fühle mich überfordert, weil ich schon alles können soll, was man in der Schule braucht - ich halte den Druck nicht mehr aus und zerstöre Dinge - ich ertrage auch nicht die Freude von anderen Kindern - ich gehe dem Vergleich mit Gleichaltrigen aus dem Weg; bei Jüngeren bin ich der Überlegene und Stärkere	- ein neues partnerschaftliches Erwachsenenbild - Druckbefreiung - Aufbau der Identität - kein Vergleich mit Gleichaltrigen - keine Wertung von Gemaltem etc. - Anerkennung, enge Begleitung, Unterstützung und Anteilnahme bei selbstgewählten Vorhaben

Lebensthema: *Druckbefreiung, Aufbau von Identität*

(Projektarbeitsblatt in Anlehnung an A. Krenz, „Bewegung im ‚Situationsorientierten Ansatz'", S. 82)

Zum beschriebenen Beispiel wäre die Antwort auf diese Fragen: Ich halte den Druck nicht mehr aus und ich kann nichts mehr in mir aufnehmen – ich kann auch nicht ertragen, wie andere Kinder sich über ihre Spielsachen freuen, deshalb zerstöre ich sie. Beim Spiel mit jüngeren Kindern gehe ich dem Vergleich mit Gleichaltrigen aus dem Weg und erfahre dabei die Situation des Stärkeren und Überlegenen.
Das Lebensthema von Stefan ist demnach „Befreiung von Druck" und „Aufbau der Identität".

Hilfen für Stefan

Hier wurde zunächst durch Einzelaktion der Erzieherin reagiert. Fragen der Eltern wie: „Wird hier Vorschulerziehung gemacht?" oder das tägliche Nachfragen, was heute gelernt wurde, da der Junge sehr viele „Defizite" aufweise, waren an der Tagesordnung und zeigten uns einen raschen Handlungsbedarf auf. Ein Beratungsgespräch zwischen den Eltern und den Gruppenbetreuerinnen ergab die ersten Schritte zur „Entlastung". Nach der pädagogischen Begründung und der Entschlüsselung der Verhaltenssignale war deutlich, dass Stefan ein völlig neues „Erwachsenenerlebnis" benötigt. Erfahrungen wie dass ihm gegenüber keine (negativen) Wertungen ausgesprochen oder gezeigt werden, das Gefühl angenommen zu sein, wie ich bin, kein Drängen zu Aktionen, keine „schulischen" Fertigkeiten einüben zu müssen, die Nähe des Erwachsenen, der ein verstehender Partner ist, zu erleben und Möglichkeiten individueller Bestätigungen kennen zu lernen – etwa indem persönliche Hilfe für Stefan angeboten wird: „Hast du Lust, dann machen wir es zusammen!" oder „Ich bräuchte deine Hilfe!" als Ausdruck der Wertschätzung der Person – waren ab jetzt für Eltern und Erzieherinnen von Bedeutung und für Stefan spürbar. In der folgenden Zeit entstandene Zeichnungen (anfangs noch mit Lineal, welches er auf Wunsch immer bekam) und kleine Werkstücke, die teils im Büro oder im Gruppenraum aufgehängt wurden. Stefan zeigte sich erstaunt darüber, dass sich Erzieherinnen über solche Geschenke sehr freuen und vor allem die „Produkte" gefallen – das war für ihn eine gänzlich neue, wertfreie Erfahrung. Die Entdeckung, die verschiedenen Aktionsräume zu nutzen (zunächst sehr scheu), sich dadurch den Blicken von Erwachsenen entziehen zu können und sich frei zu entscheiden, wurde bald zu einem sicheren, persönlichen „Bewegungsinhalt" dieses Kindes. Bald zeigten sich deutliche Verhaltensveränderungen. Zunehmend waren innere Ruhe, ein allmähliches Aufbauen

des Selbstwertgefühls und Selbstvertrauens zu spüren. Die Beziehung zu Erwachsenen änderte sich in immer mehr Zutrauen, dabei war ihm besonders die Begrüßung am Morgen wichtig. Hier war die Zeit zu erzählen gegeben und Vertrauen zu bestätigen, um den Tag unbelastet zu beginnen.
Spürbar ist in solchen Situationen für alle Beteiligten, besonders für Eltern, wie sich Kinder im situationsorientierten Kindergarten durch die Befreiung von Irritationen und Belastungen zu aufnahmefähigen Persönlichkeiten entwickeln und somit die Fähigkeiten zeigen können, die in ihnen stecken (Freiheit zur Entwicklung der Schulfähigkeit). Darauf lassen sich Projektthemen in realen Sinnzusammenhängen als „Lerninhalte" strukturieren und aufbauen, und die natürliche Neugierde und Wissbegierde bei Kindern, ihre Welt zu entdecken, hat jetzt den nötigen Freiraum.

Bisher war mit Stefan so umgegangen worden:
Kind → zeigt „störende" Verhaltensweisen → unmittelbare Reaktion der Erwachsenen auf dieses Verhalten („Defizite" = du musst üben) → Verhalten wird verstärkt → Problemkreislauf, aus dem das Kind keinen Ausweg mehr findet → als Folge Irrwege des Kindes (Druck erzeugt immer Gegendruck);

Der situationsorientierte Umgang ermöglicht es, diesen Kreislauf zu durchbrechen:
Kind → zeigt störende „Verhaltensweisen → Erwachsene entschlüsseln diese → treffen damit den Problemkern → bieten entsprechende Verarbeitungshilfen durch Projekte (Einzelaktion) → Entlastung des Kindes möglich („Rucksack auspacken") → Kind ist frei für die weitere Entwicklung.

Projektarbeit

Ist (über die Lebenspläne der Kinder) ein Projektthema gefunden, z. B. Angst haben, so werden zusammen mit den Kindern Erlebnisse und Erfahrungen, bei denen sie Angst hatten, ausgetauscht (Kinderkonferenz). Kinder und Erzieherinnen überlegen gemeinsam Ideen und Möglichkeiten, welche Aktionen und „Tätigkeiten" unternommen werden können, um dabei Ängste zu bewältigen zu lernen. Dies könnten u. a. Vorhaben sein wie eine Höhle (aus Schachteln oder im Garten) bauen, Spaziergänge

durch den Wald unternehmen (dort bauen wir uns Waldhütten, erzählen uns Geschichten, bauen eine Brücke über Wasserpfützen, Eltern begleiten uns dorthin zum gemeinsamen Spiel und Picknick), aber auch Lieder, Geschichten und zu diesem Thema passende musikalische Inhalte sind von Bedeutung.
In Projektplanungsblättern (s. S. 123–126) werden alle diese Gedanken und Möglichkeiten von Erzieherinnen nun schriftlich festgehalten. Dadurch entstehen Rückpläne, die die Eltern (dargestellt über Plakate mit Fotos, individuelle Arbeiten der Kinder und mit entsprechenden pädagogischen Begründungen) über die aktuelle Projektarbeit in den einzelnen Gruppen informieren. Dazu hat jede „Heimatgruppe" auf einer gesonderten Pinnwand, einer Litfasssäule, auf Strohballen oder auf einem kleinen Kindertisch unterschiedliche Darstellungsmöglichkeiten (wobei die Kinder hier sehr häufig mit *ihren* Ideen den Aussagekern treffen). Bei einem Projektthema „Freude und glücklich sein" zeigte eine kleine Kindergruppe mit der Gestaltung einer „Schlosslandschaft", die liebevoll mit Burgen, Türmen und Figuren auf den Strohballen im Gang aufgebaut wurde, großes kreatives Geschick. Täglich waren Kinder dabei, diese „Spielwiese" mit ihren Phantasien zu beleben. Andere bauten sich ein Schloss aus Schachteln, Vorhänge wurden genäht, Spitzen und Borten verzierten die Fenster und Eingänge, mit Moos und Stroh ausgepolstert entstand im Schloss eine Puppenwohnung und als Krönung bildete eine goldene Kuppel aus Papier den Abschluss des Turmes. Das beeindruckende Ende dieses Projekts war ein Schlossfest: Kinder und Erzieherinnen verkleideten sich entsprechend – auch der Gruppenraum wurde von den Kindern kreativ und individuell im Laufe der Projektentwicklung (drei Monate) in ein Schloss verzaubert.

Gemeinsame Erlebnisse während der Projektentwicklung festigen die Beziehung zwischen Kindern und Erzieherinnen (und Eltern, soweit beteiligt), stärken den kindlichen Persönlichkeitsreifeprozess und lassen innere Themen durch Entlastung zum realen ganzheitlichen Begreifen werden. Eltern erfahren durch unterschiedliche Darstellungsformen, was ihre Kinder im kognitiven, emotionalen, sozialen und motorischen Bereich lernen konnten.

Situations-orientierter Tagesablauf

Der Tagesablauf im situationsorientierten Kindergarten ist, ohne Druck auf die Kinder auszuüben (bei dieser kindorientierten Pädagogik sind Kinder in der Regel freiwillig Beteiligte), klar strukturiert. Ein persönliches Begrüßungsgespräch, bei dem die Tagesbefindlichkeit des einzelnen Kindes zu spüren ist, ist der Beginn am Morgen. Nach diesem Empfang können sich die Kinder in der „Heimatgruppe" aufhalten, erste Kontakte knüpfen, bis sie sich, sobald die meisten Kinder anwesend sind, für die „offenen" Spielräume außerhalb der Gruppe entscheiden können. Damit ist der erste Abschnitt des Tages gekommen und gemeinsam oder einzeln wird beraten, welche Möglichkeiten sich im Haus bieten oder was das einzelne Kind nach seinem Bedürfnis benötigt. Somit werden von Erzieherinnen bei der Raumauswahl Entscheidungshilfen im persönlichen Gespräch angeboten.

Ein weiteres Kernstück am Tag ist die „Weiterarbeit" am Projekt. Dazu finden sich die Kinder in ihrer Gruppe oder in einem Spielraum zusammen, um besprochene Inhalte und Vorhaben zu realisieren. Die tägliche Kinderkonferenz (mit Ausblick; s. S. 124) ist ein dritter Abschnitt, zu der sich die Kinder in ihrer Heimatgruppe auf dem großen Konferenzplatz (Teppich) treffen. Hier können nun alle „Gruppenbewohner" berichten, was ihnen am Tagesgeschehen aufgefallen ist, oder es werden Regeln besprochen (die der Erinnerung oder Veränderung bedürfen), weitere Ideen zur Projektentwicklung diskutiert oder die nächsten darzustellenden Inhalte des Projekts mit der Kinderredaktionsgruppe festgelegt. Diese berufenen Kinder (pro Gruppe zwei) sind in Hauptverantwortung für die Kindergartenzeitung „Pumuckl" (Kinderredaktionsseite) mit Interviews, Zeichnungen, Erzählungen usw. tätig. Die Kinderkonferenz und Kinderredaktion sind demokratische Kernerlebnisse.

Im situationsorientierten Tagesablauf ist ein Dreierrhythmus zu spüren, der für alle Verantwortlichen einen sogenannten „roten Faden" zur Orientierung darstellt. Pünktlichkeit (auch von Seiten der Eltern-Bringzeiten) und das Akzeptieren und Einhalten von besprochenen Regeln für alle Beteiligten am Kindergartengeschehen sind prägende Merkmale, die zum Gelingen dieser Struktur beitragen und damit frühpädagogische Arbeit zu einem faszinierenden Erlebnis werden lassen.

Projektplanungsblätter

Die folgenden drei Projektplanungsblätter, wie sie in unserer Kindergartenarbeit verwendet werden (angeregt durch A. Krenz, „Der ‚Situationsorientierte Ansatz' im Kindergarten", S. 104 ff), dokumentieren die Entstehung und die Durchführung von Projekten. Sie dienen u. a. als Planungshilfe für die Erzieherinnen selbst, sind aber auch die Grundlage, um unsere pädagogische Arbeit transparent zu machen.

1. Planung zur Projektentwicklung

Sammlung von Begriffen / Vorhaben / Aktivitäten

(Ideen der Kinder und ihrer Erzieherinnen in der Heimatgruppe)

Mögliches Projektthema: *Ein neuer Anfang macht mich unsicher*

Situationen außerhalb der Gruppe	*Aktivitäten in der Gruppe*	*Auswirkungen*
1. „Haustüraktion" - wir lernen das Zuhause der Gruppenkinder kennen, indem uns das „Gastgeberkind" zu seinem Wohnhaus führt;	*Wir suchen im Keller des Kindergartens eine geeignete Holzplatte, um ein richtiges „Wohnmodell" mit meinem Zuhause und mit Wegen, Schildern und Straßen zu bauen (u.a. integrierte, sinnverbundene Verkehrserziehung - im Erlebnisbereich des Kindes entstanden);*	*a) Innerhalb der Gruppe / auf die Kinder* *- Vertrauen, Zuversicht, Selbstwertgefühl wächst;* *- Kennenlernprozess wird zum aktiven Erlebnis* *- Sicherheit im Verkehr* *b) Elternarbeit / andere Erwachsene* *Eltern sind durch unseren Besuch freudig überrascht, bauen eine persönliche Beziehung zur Kindergruppe auf, private Verbindungen (Freundschaften) entstehen;*
2. Auf dem nahegelegenen Pfarrgrundstück steht ein alter Apfelbaum, der das Interesse der Kinder weckt;	*- Kinder fragen im Pfarrbüro, ob sie ernten dürfen* *- in einem großen Korb sammeln sie die Äpfel;* *- in der Gruppe wird gekocht (Ernährung)* *- eine „gesunde" Frühstücksecke entsteht*	*- Dorferkundung* *- Überwindung von Scheu (das Pfarramt wird vertraut)* *- Naturerfahrungen (auf den Baum klettern etc.)* *- wir spielen im Obstgarten eines Kindes - betrachten und sammeln Obst (daraus ergibt sich eine sinnverbundene Erntedankfeier)*

2. Projektdurchführung – Verarbeitungshilfen

(Lernbereiche in der Situation / dem Vorhaben)

Woche vom ______________________________

Ausgangssituation: *Neue Kinder in der Heimatgruppe*

	Grundstruktur am Tag	Spezifische Einzelsituation (Verarbeitungshilfen)	emotionalen Bereich
Mo	Einstiegsrunde off. Spielphase	*Entscheidungshilfen zur Auswahl der Spielräume*	*Sicherheit gewinnen*
	Ki.-Konferenz Projekt	*Gespräch in der Gruppe, sich vorstellen, von sich erzählen, demokratisch beschließen, Dorfrundgang*	*Vertrauen aufbauen* *stolz sein*
	Ausblick off. Spielphase	*Gegenseitige Besuche*	
Di	Einstiegsrunde off. Spielphase	*Entscheidungshilfen zur Auswahl der Spielräume (Lebenspläne – Begleitung)*	*Vorfreude, Spannung erleb*
	Ki.-Konferenz Projekt	*Vorhaben Dorfrundgang gemeinsam besprechen (Ortsteile)*	*Neugierde, Stolz, Geduld*
	Ausblick off. Spielphase	*Welche Kinder werden morgen besucht?*	*mit Enttäuschung umgehe*
Mi	Einstiegsrunde off. Spielphase	*Begleitung und Entscheidungshilfen in der offenen Spielphase*	*Freude, Spannung, Erwart*
	Ki.-Konferenz Projekt	*Reflektieren des Erlebnisses „Haustüraktion"*	*Sensibilisierung für Naturmaterial*
	Ausblick off. Spielphase	*umsetzen in ein „Wohnmodell" (Holzplatte wird im Keller gesucht, Moos ...)*	*wie Moos, Korken, Strohhalme, Äste, Sand*
Do	Einstiegsrunde off. Spielphase		
	Ki.-Konferenz Projekt		
	Ausblick off. Spielphase		
Fr	Einstiegsrunde off. Spielphase		
	Ki.-Konferenz Projekt		
	Ausblick off. Spielphase		

ektthema: *Ein neuer Anfang macht mich unsicher*

Schwerpunkte: Was lernen die Kinder im en Bereich	motorischen Bereich	kognitiven Bereich
en zuhören, Wertschätzung *e Meinung akzeptieren*		*Wissenserweiterung* *Begriffsbildung* *vor anderen Kindern sprechen (Sprache)*
Gruppe gehen *at erleben, Zuhause* *uen Kinder kennen lernen* *auen) Rücksicht*	*sich kontrollieren, Ausdauer*	*Verkehrssicherheit (Regeln als reales Erlebnis kennen lernen)* *Begriffe: Garten, Haus, Straße* *Naturnähe*
Kleingruppe zusammen- *en* *ben übernehmen* *seitige Hilfe geben* *lfe bitten*	*feinmotorische Fertigkeiten* *(schneiden, kleben, falten)*	*eigene Ideen zur Gestaltung und Lösungsmöglichkeiten finden* *(Gestaltung von Landschaft, Häusern, Wegen ...)*

3. Projektauswertung

Thema: *Ein neuer Anfang macht mich unsicher*

Zeitraum: *ca. September - Januar* Gruppe: *Kaninchenhöhle*

Erreichte Ziele / Ergebnisse / evtl. Medien / Ausstellung u. Ä.	Bemerkungen / Hinweise / Reflexion / Verbesserungen / Veränderungen / Erkenntnisse in Bezug auf das Umfeld u. Ä.
- *Vertrauen und Sicherheit (von der Gruppe ausgehend) zum Wohnumfeld* - *Beziehungen und Freundschaften entstehen (auch privat)* - *große Anteilnahme der Eltern am Gruppengeschehen (pädagogische Inhalte → Nachvollziehen des situationsorientierten Ansatzes)* - *Heimatgefühl und Traditionsbewusstsein stärken (Brauchtumspflege: beim Dorfrundgang den Maibaum und Wegkreuze betrachten)* - *Ausstellung von Fotoplakaten und Gestaltungsarbeiten („Wohnmodell") im Kindergarten* - *gemeinsame Erlebnisse verbinden*	- *Aufgeschlossener und natürlicher Umgang zwischen Kindern und Erwachsenen innerhalb der Heimatgruppe* - *Fotoplakate mit pädagogischer Begründung werden zur Information in der Nähe der Gruppe aufgehängt* - *die „Haustüraktion" wird im Frühjahr weitergeführt (Wunsch der Kinder - bis alle Kinder besucht sind)* - *Einladungen der Eltern zum Besuch (u.a. Beteiligung und Beobachtung beim Honigschleudern - junge Tiere sind geboren)*

d) Ein Beispiel: Gartengestaltung mit Kindern

Einen Garten gestalten nach den Ideen und Wünschen der kindlichen Phantasie, nach den kindlichen Bedürfnissen war unser Ziel (vgl. S. 15 f). Kein Garten mit bespielbaren Geräten sollte entstehen, sondern ein Lebensraum, in dem Natur zum Erleben, Begreifen und Spüren herausfordert. Erstaunlich einfach, elementar und logisch sind Kindervorstellungen, wenn sie von Erwachsenen ernst genommen und richtig verstanden werden. Sich auf die Ebene der Kinder einzulassen, selbst wieder Kind zu sein, eröffnet gänzlich neue Sichtweisen und befreit Erwachsene von Zwängen und Verhaltensmustern, einen „Normgarten für Kinder anzulegen".

Zeichnung eines 6-jährigen Kindes: Wunschvorstellungen für die neue Gartenanlage

Nach diesen Kinderideen fertigte ein Architekt (Vater eines Kindergartenkindes) einen ersten Plan, der in der Baubehörde vorgestellt wurde. Angetan von dieser Vorgehensweise zeigten die Verantwortlichen Verständnis für die Kinderwünsche. Stolz und Freude der Kinder, dass ihr Garten entsteht, waren deutlich spürbar. Eine Ausstellung im Kindergarten mit den Zeichnungen der Kinder und dem danach angefertigten Architektenplan ließ alle Beteiligten an diesem Erfolg teilhaben.
Die neue Gartenanlage sollte dem inneren, „offenen" Kindergarten ähnlich sein. Dies bedeutete vielfältige Aktivitätszonen zu schaffen, die phantasievolle Veränderungsprozesse zulassen. Zum Beispiel ermöglichen Spiele in Spieldörfern, im Weidentunnel oder der Trauerweide als „Naturhäuser" echte Erlebnisse. Spielend erleben Kinder den Einklang mit der Natur, wenn sie in sich versunken im „Bachbett" mit verschieden großen Steinen, Wasser und Sand spielen, diese Materialien ertasten und erspüren. Eine breite kurze „Wellenrutschbahn" (für mehrere Kinder zum gleichzeitigen Rutschen in allen Lagen geeignet) ist ein völlig gefahrloses

Abenteuer zum Austoben. Zwei Fußballtore und eine große Rasenfläche dienen dem ausgiebigem Ballspiel und eine Feuerstelle lässt elementare Erfahrungen zu. Eine aus mehreren massiven Bergkiefern zusammengesetzte Baumstammgruppe mit naturbelassenen Ästen zum Klettern lädt Kinder zu aufregenden Spielen, aber auch zum Verweilen und Betrachten ein. Diese „Elemente“ sind gemeinsam von allen Kindergarteninteressierten entworfen worden und stellen jetzt die „Spielhöhlen“ bzw. „Wohnungen“ entsprechend den Tiernamen der Heimatgruppen dar („Biberburg“, „Fuchsbau“, „Bärenhöhle“ und „Spatzennest“). Die abenteuerliche Hängebrücke am „Bachlauf“ rundet die sinnverbundene Spielvielfalt unseres „Kindergartens“ ab.
Der Garten ist für die Kinder während des Tagesablaufes stets geöffnet, d. h. die Kinder können sich selbst für den Freiraum Natur entscheiden. Eine Erzieherin ist in das Geschehen aktiv integriert.
Um ein ungestörtes, auch voneinander unabhängiges Spiel zu ermöglichen, schaffen Büsche und Hecken Abgrenzungen. Die gesamte Anlage ist konzeptionell „naturbelassen“ (keine grellbunten Klettergerüste) und naturnah und birgt keine Verletzungsgefahren (d. h. eine unmittelbare Aufsicht bei „Geräten“ ist nicht erforderlich, um auch wirklich ungestörtes Spiel zuzulassen). Selbst der „Fallschutz“ besteht ausschließlich aus Rindenmulch. Die große Pergola, von Kletterpflanzen umringt, ist als Naturmalplatz mit einer Sitzgruppe und Malstaffelei oder als gemütlicher Essplatz geeignet. Eine Hängematte und ein Hängestuhl stellen Ruhepole dar und laden zum Träumen und Verweilen ein.
Um auch Eltern, Besuchern bei Abendrunden (gemeinsamen Grillen u. Ä.) um den Feuerplatz die Teilnahme zu ermöglichen, sind in der Halbrunde verschieden hohe Palisaden als Sitzplätze errichtet.

Die Erfahrungen bestätigen den richtigen Weg. Die situationsorientierte Planungsgruppe aus Kindern, Eltern und Erzieherinnen in Vernetzung mit dem Architekten und der Baubehörde hat sich bewährt.
Das Kind erlebt Freiräume im vielfältigen Sinn:
„Wohnräume, die es erforschen, erklettern und verändern darf, Zeiträume, in denen es sein eigenes Spiel nach eigenen Vorstellungen entwickeln kann, Träume, die kurzzeitig Wirklichkeit werden und von Erwachsenen akzeptiert sein wollen“ (G. Hofer, „Erlebnis Mitwelt“).

e) „Offenes Astwerk“ – Öffnung nach außen und Vernetzung

Durch die Darstellung des Kindergartens nach außen kann zum einen das Berufsbild der Erzieherin, gemessen an der tatsächlich geleisteten Arbeit, in ein gesellschaftlich richtiges Bild gerückt und zum anderen die Bedeutung des pädagogischen Ansatzes eines situationsorientierten Kindergartens für die kirchliche und politische Gemeinde transparent gemacht werden. Im konkreten Fall ist dies um so bedeutsamer, als auch die Pfarrei Ast und die Gemeinde Tiefenbach durch ihre Stadtnähe in den letzten Jahren von einem grundlegenden Strukturwandel erfasst wurden. Den Kindern ihr Dorf zu erschließen und Kinder am Dorfgeschehen zu beteiligen ist ein wichtiger Bestandteil der „offenen“ Arbeit geworden. Gemeinsame Erlebnisse von Kindergarten, Elternhaus und Gemeinde verbinden die Einrichtung mit Familie und Gesellschaft. Gerade auch für neu zugezogene Familien stellt der Kindergarten so eine große Integrationsmöglichkeit dar. Aus diesen Gedanken und Zusammenhängen heraus, den Kindern ihr Umfeld zu einem sinnverbundenen, realen Lebensraum werden zu lassen, entwickelte sich der Konzeptionsname „Offenes Astwerk“. Der „Baum“ als Symbol für diesen Namen präsentiert sich in seiner Bedeutung im Eingangsbereich des Kindergartens mit einem „Herzlich willkommen“ für alle Besucher und Eltern.

Kinder erleben ihr Dorf

Die pädagogischen Inhalte in ihrer Vernetzung nach außen werden im Folgenden detailliert dargestellt. Sie bedeuten vor allem eine Einbindung und Beteiligung von Eltern und Verantwortlichen für die Einrichtung und geben im Sinne des situationsorientierten Ansatzes neue Schwerpunkte für pädagogische Freiräume, um gemeinsam mit Kindern, Erzieherinnen und Eltern „lebensnahes Lernen“ zu praktizieren.

Lebensnahes Lernen

Das Netzwerk Kindergarten umfasst ein breit gefächertes Spektrum:

Netzwerk Kindergarten

- Zusammenarbeit mit den Ausbildungsschulen
- Austausch mit anderen Kindergärten
- Einbindung von Eltern und Verantwortlichen für den Kindertagesstättenbereich
- Kontinuierlicher Kontakt zum Träger
- Zusammenarbeit mit sozialen Diensten
- Intensive, aktive Zusammenarbeit mit der Öffentlichkeit

Öffentlichkeitsarbeit

Öffnung nach außen und die Vernetzung der Einrichtung ist nur durch aktive Öffentlichkeitsarbeit zu erreichen. Unsere Erfahrungen zeigen ein großes Maß an positiver Rückmeldung, ja das Gelingen der Gesamtkonzeption, z. B. das Nachvollziehen des pädagogischen Ansatzes im Innen- und Außenbereich und die komplette modellhafte Bau- und Raumgestaltung einschließlich der Außenanlagen, ist auf diese Arbeitsweise zurückzuführen.

Vernetzte Kommunikation

Die Kommunikationskette umfasst dabei die Zusammenarbeit mit verantwortlichen Behörden, mit der Grundschule, Verbänden und Redaktionen, die Einbeziehung des Gemeinwesens und die Begegnung mit anderen Kulturen, die Vernetzung zur Kirche, die so reales, lebensnahes Glaubenserlebnis werden kann, und schließlich – als Modelleinrichtung – den Zugang zu wissenschaftlichen Instituten bis hin zum Kontakt zu politisch Verantwortlichen.

Die vernetzte Kommunikation des Kindergartens:

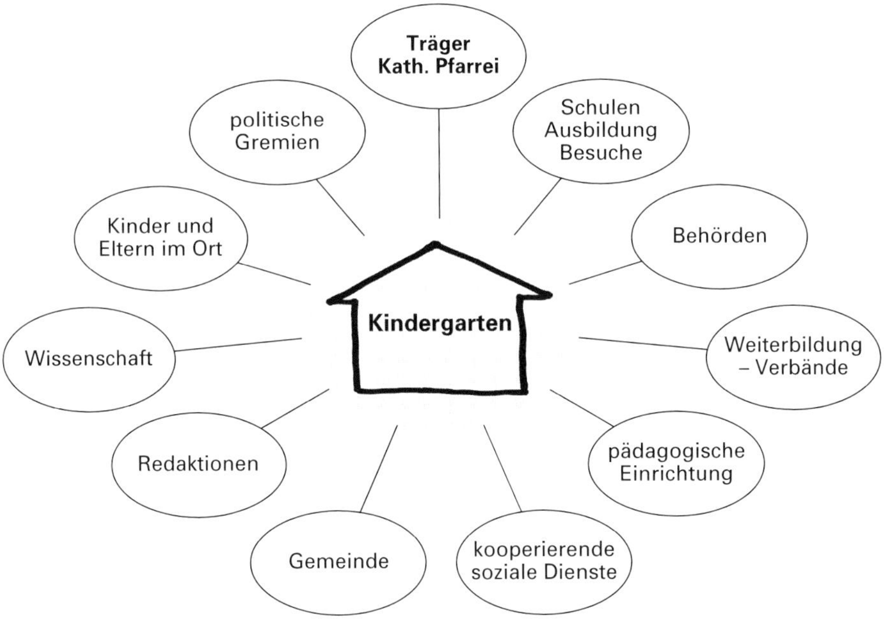

Diese Darstellung zeigt, dass das Management der Kindergartenleitung ein vielschichtiges Kommunikationsnetz ist, welches durch aktive, professionelle Öffentlichkeitsarbeit das Profil des situationsorientierten Kindergartens prägt. Damit ist eine fachlich fundierte Akzeptanz des Berufsbildes mit dem Schwerpunkt *„Zukunftssicherung durch Qualität"* gegeben.

Kontinuierliche Elternarbeit

Der Träger und die Eltern unterstützten von Anfang an die Öffnung des Kindergartens. Die partnerschaftliche Zusammenarbeit motivierte Trägerschaft und das Elterngremium, sich für die Belange des Kindergartens engagiert einzusetzen. Der Weg der Öffnung nach außen ist geprägt von zahlreichen Gesprächen, die das gegenseitige Vertrauen stärken und das Verständnis füreinander fördern.

Netzwerk Elternarbeit

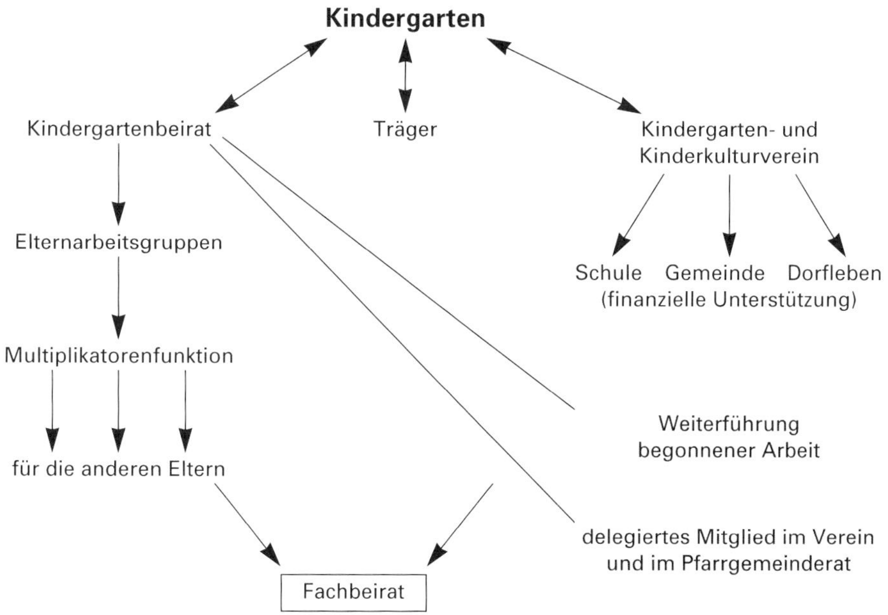

Organisierte Unterstützung

Der *Kindergartenbeirat* übernimmt mit seinen vielfältigen Aktivitäten eine Multiplikatorenfunktion für die anderen Eltern und ist partnerschaftlich tätig bei der Darstellung des Kindergartens nach außen zu allen in der Verantwortung zum Kindergarten stehenden Personen und Institutionen. Für die Kontinuität und für langfristig angelegte Ziele zeigt sich der *Kindergarten- und Kinderkulturverein* Tiefenbach Ast e. V. verantwortlich (s. S. 159 ff): Seine Aufgabenschwerpunkte liegen in der Unterstützung des Kindergartens vor allem in Bezug auf Aktionen im Außenbereich, etwa in der Dorfintegration, und in finanzieller Hinsicht. Stabilität, Wissenserweiterung, wachsendes Verständnis füreinander und steigende Verantwortung bringt ein neues Gremium, der *Fachbeirat* des Kindergartenvereins. Darin verbinden sich Vertreter der Schule, der Pfarrei, der Gemeinde, des Kindergartens und Elternvertreter der Schule und des Kindergartens. Der Kindergartenbeirat bildet je nach Aktualität fest organisierte Arbeits- und Interessengruppen. Folgende Übersicht soll diese Organisation verdeutlichen:

Arbeits- und Interessengruppen des Kindergartenbeirats als Elternbeteiligung im situationsorientierten Kindergarten:

Gruppe Baumaßnahme
- Gartengestaltung
- „Architektur und Pädagogik"

Gruppe Projektarbeit
- verschiedene Aktionen und Vorhaben

Gruppe Medien
- Fotoarbeiten
- Film

Gruppe Presse
- aktuelle Presseberichte
- delegiertes Mitglied im Pfarrgemeinderat

Gruppe Familiengottesdienst
- Gestaltung Kindergottesdienst
- Mitarbeit Theatergruppe

Gruppe Organisation
- Busfahrten – Schwimmkurs
- Mitarbeit Theatergruppe

Gruppe Redaktion
- Kindergartenzeitung „Pumuckl"

Gruppe Theater
- Theater mit und für Kinder
- delegiertes Mitglied im Kindergartenverein (gemeinsame Gruppe)

Gruppe Schriftführung
- Mitarbeit „Bücherei „Buchstabenbaum"

Gruppe Bücherei „Buchstabenbaum"
- Kassier

„Gruppe" bedeutet hier, dass sich ein Ansprechpartner – der zugleich auch hauptverantwortlich ist – im Kindergartenbeirat befindet. Die Gruppe ist prinzipiell für alle Eltern offen, so dass sich je nach Vorhaben weitere Interessierte melden können.
Die Eigenständigkeit der einzelnen Gruppen ist für die Motivation der Elternbeteiligung von großer Bedeutung. In der Regel werden Aktionen hinsichtlich der Projektarbeit mit den einzelnen Heimatgruppen – wobei eine interne fachliche Entscheidungsfreiheit gegeben ist –, betriebsbezogene Inhalte grundsätzlich mit der Kindergartenleitung abgesprochen. Dies können zum Beispiel Aktionen im Garten sein, die inhaltliche Absprache für die nächste Ausgabe der Kindergartenzeitung „Pumuckl", sämtliche Termine im „Netzwerk" oder die gemeinsamen Planungen (Ideenaustausch und Informationsveranstaltungen im Innen- und Außenbereich), die den Nährboden für die weiteren Entwicklungen dieser situationsorientierten Arbeitsweise darstellen.

Wenn die Grundregeln des situationsorientierten Ansatzes (partnerschaftlicher Umgang, Achtung und Wertschätzung des Anderen) auch bei der Zusammenarbeit mit Eltern entsprechend Beachtung finden, kann und wird Elternbeteiligung gelingen und eine damit verbundene positive Resonanz und fachliche Bestätigung im Alltag zu spüren sein.

Beispiele für die gemeinsame Arbeit

Hier ein paar praktische Umsetzungsbeispiele (gemeinsame Aktionen finden immer nach Absprache mit der Kindergartenleitung statt und werden in der Regel unter Beteiligung der Kinder durchgeführt):

- Ergänzend zur neuen Außenanlage werden um das „Bachbett" für bessere Versteckmöglichkeiten einige Büsche und ein paar Beerensträucher zum Naschen am Gartenzaun gepflanzt. Im Garten entstehen ein Bohnenzelt und eine Feuerstelle.
- Die Kindergartenzeitung „Pumuckl" wird eigenständig gestaltet, die Inhalte mit dem Kindergarten abgesprochen und dabei eine „Kinderredaktionsseite" eingeplant.
- Kontinuierliche Informationsveranstaltungen werden teils unter Einbeziehung des Gemeinwesens und von Schulvertretern durchgeführt.

- Regelmäßige Gespräche zur Planung und Weiterentwicklung dieses Ansatzes sind erforderlich; es finden verschiedene Aktionen im „Netzwerk" und zur Projektentwicklung statt.
- Elternfortbildung und deren Finanzierung (über den Kindergartenverein) sind eine wichtige Grundlage, um die Thematik der einzelnen Arbeitsgruppen inhaltlich zu stärken.
- Aktivitäten bei der Dorfintegration (zum Beispiel Flohmärkte, Kleiderbasar, Beteiligung am Weihnachtsmarkt u. Ä.) werden eigenständig von Eltern vorbereitet, organisiert und durchgeführt.
- Gemeinsame Fortbildungen zum situationsorientierten Ansatz werden besucht und anschließend mit interessierten Elterngruppen thematisiert.
- Bei jeder Kindergartenbeiratssitzung (im Sinne der Vernetzung ist auch ein delegiertes Mitglied des Kindergartenvereins anwesend) wird ein pädagogisches Thema aus dem Kindergartenalltag angesprochen.
- Der Austausch von Erfahrungen sowie Planungen gemeinsamer Aktionen finden demokratisch im Dreiergremium Kindergarten, Kindergartenbeirat und Kindergartenverein statt – wie es dem Namen „Offenes Astwerk" entspricht.
- Regelmäßige Elternabende sorgen für die kontinuierliche Information und Einbindung aller Eltern.

Aktive Teilnahme

Eltern hospitieren und begleiten ihre Kinder im Kindergarten bei den verschiedenen Spieltätigkeiten und verändern somit ihr Anspruchsdenken auf „Leistung", in dem sie die individuellen „Produkte" ihrer Kinder und deren „Lerncharakter" anerkennen. Dadurch hat sich auch der frühere Blickwinkel: „Alle Kinder haben immer die gleichen Arbeiten vorzuzeigen als Nachweis, dass die Kinder (möglichst in allen Gruppen) etwas gelernt haben" verändert (daran wurde oft die Qualifikation von Erzieherinnen gemessen). Die damit verbundenen Wertigkeiten von Kinderarbeiten haben im situationsorientierten Kindergarten keine Gültigkeit mehr. Wenn Kinder zum Beispiel behutsam ihre Spielsachen aus der Werkstatt mit nach Hause nehmen, zeigen sich Eltern jetzt anerkennend und wertschätzend. Eltern lernen Kinder bei Besuchen und Hospitationen im Kindergarten neu zu beobachten und in ihren Ausdrucksformen besser zu verstehen. Regelmäßige Elternsprechstunden über Verhaltenssignale der Kinder dienen dazu, gemeinsam Verarbeitungshilfen zu finden. So ist ein

steigendes Wachstum an gegenseitigem Verständnis und Vertrauen zwischen Eltern und Erzieherinnen zu verzeichnen.
Natürlich ist es nicht möglich, alle Eltern aktiv zu beteiligen. Die Gruppe des Kindergartenbeirats ist überschaubar und wirkt multiplizierend (durch die Kindergartenzeitung, Elternbriefe, Einladungen für Aktionen u. Ä.) für alle anderen Eltern. Um eine klare Organisation zu gewährleisten ist die Kindergartenleitung in ihrer Gesamtverantwortung für alle Arbeitselterngruppen Ansprechpartnerin. Dem Vorsitzenden des Kindergartenbeirats als Hauptkontaktperson kommt hier besondere Bedeutung zu, da er einzelne Anliegen sammeln kann. Bei der Durchführung von thematischen Inhalten sind die jeweiligen Kolleginnen verantwortlich.

Elternbeteiligung und aktive Öffentlichkeitsarbeit bedeutet im situationsorientierten Ansatz in einem partnerschaftlichen Miteinander und im Rahmen einer vernetzten Zusammenarbeit mit allen Verantwortlichen im Kindergartenbereich für Kinder Anwaltschaft zu übernehmen, um ihnen beste Chancen für eine ganzheitliche Persönlichkeitsentwicklung zu ermöglichen. Durch eine strukturierte Organisation und Multiplikatorenarbeit muss der pädagogische Ansatz in seinen vielfältigen Auswirkungen und Grundlagen nachvollziehbar und durchführbar sein. Nur so kann von gemeinsamer Orientierungs- und Verarbeitungshilfe für Kinder gesprochen werden.

Wertzugänge im „Netzwerk“ – Dorfintegration und Brauchtumspflege

Kinder erleben sich in ihrer Lebensumwelt teilweise ausgegrenzt und eingeengt. Deshalb wurden hier Entscheidungen oft für Kinder statt mit ihnen getroffen. Vorführungen in Kindergärten, teils um „pädagogische Qualität“ darzustellen, teils um Erwachsenen Kinder „vorzuführen“, weil „sie nett anzusehen seien“, hat nichts mit situationsorientierter Arbeit zu tun, ja steht dazu in einem großen Widerspruch. Vielmehr geht es darum, Kinder am Leben in ihrem Ort teilhaben zu lassen und sie zu Beteiligten zu machen.
Die Öffnung und Vernetzung des Kindergartens dient der Begegnung und „Entinselung“ des Kindergartens. Erlebnisse und das Begreifen von Sinnzusammenhängen im Innen- und Außenbereich werden für Kinder wichtig. Erfahrungen haben gezeigt, dass Kinder eine ganz andere Beziehung zu Vorhaben aufbauen, an denen sie wirklich beteiligt sind – ganz an-

ders als dies beim Einüben von „Fertigkeiten" der Fall ist, die Kinder dann in der Öffentlichkeit unter Beweis stellen müssen. Für alle Beteiligten werden Feste zum gemeinsamen Erlebnis, wenn das Verständnis der Mitwirkenden situationsorientiert aufgebaut ist. Dazu ist es wiederum unerlässlich im breit gefächerten Umfeld von Kindern aktive Öffentlichkeitsarbeit zu leisten, um diesen Ansatz auch bei Verantwortlichen aus dem Gemeindebereich transparent zu machen.

Grundregeln

Für die „Dorfintegration" und Festgestaltung im situationsorientierten Kindergarten sind folgende Aussagen von Bedeutung:

- Feste sind keine ausgegliederten Veranstaltungen, sondern in Projekte eingebundene Situationen.
- Zur Festbeteiligung im Dorf (Dorfintegration) entscheiden sich Kinder selbst, wenn dieses Ereignis zu ihrem unmittelbaren Familienumfeld in Beziehung steht, d. h. die Eltern der Kinder sind in der Regel selbst Beteiligte.
- Lebendige Brauchtumspflege hat nur Bedeutung, wenn Kinder aktiv und real Bezug durch die eigene Beteiligung, Planung und Mitgestaltung am Geschehen haben und damit die Wertigkeit dieses Vorhabens erspüren.
- Die meisten gemeinsamen (mit Kindern geplanten) Vorhaben entstehen aus dem Projektalltag, bei denen Kinder ihr Tun nach außen zum realen Erlebnis werden lassen.
- Dem Anspruchsdenken auf „Vorführung" bei Erwachsenen muss gegengesteuert werden, was durch die Einbeziehung von beteiligten Eltern in der Planung (bei gemeinsamen Vorhaben) leichter verständlich wird.
- Unterstützung und Begleitung bei Vorhaben in der Vernetzung von Innen- und Außenbereich durch die Eltern erleichtert Erzieherinnen manche Kontakte und fördert bei Erwachsenen Verständnis für diese Vorgehensweise (Eltern multiplizieren dabei den pädagogischen Ansatz und vertreten dadurch Kinder als „Anwälte" für ihre Bedürfnisse).

Beispiele für Integration

Hier einige Beispiele aus unserem Kindergartenalltag:

- Vernetzung zum Kindergartenalltag verbunden mit der Brauchtumspflege erleben Kinder und Erzieherinnen zum Beispiel durch die Beteiligung am „Sonnwendfeuer" im Dorf.

- Kinder erleben Gemeinschaft, indem sie Senioren in den Kindergarten einladen, oder durch spontane Besuche beim Seniorennachmittag.
- Kinder gehen zusammen mit der Erzieherin in den Geschäften am Ort einkaufen, um gemeinsam zu kochen.
- Selbst aufgebaute Motivation ist bei Kindern zu erkennen, indem sie sich für die Beteiligung und der Mitgestaltung am Musiknachmittag (gemeinsames Musizieren von Erwachsenen und Kindern) entscheiden; dafür interessierte Kinder finden sich zur Vorbereitung und ungestörten Erproben im Musikraum des Kindergartens zusammen.
- Begegnungen mit Dorfbewohnern bei Spaziergängen, Obst sammeln in Plantagen, Betriebe am Ort kennen lernen, Verkehrsregeln während der Dorfrundgänge oder bei Besorgungen „erlernen" (nicht separat in einer didaktischen Einheit) sind reale Erlebnisbereiche aus dem Umfeld der Kinder.

Kinder erleben auf diese Weise ihr Umfeld in realen Sinnzusammenhängen. Separat durchgeführte Themenbereiche und lange vorbereitete, vom Tagesgeschehen abgegrenzte Feste, bei denen Kinder „vorgeführt" werden, haben keine Gültigkeit. Vorhaben werden mit Kindern gemeinsam geplant und durchgeführt. Dabei sind Kinder an Realitäten beteiligt und lernen ihr Umfeld durch eigene Aktivitäten kennen. In der vernetzten Zusammenarbeit mit Verantwortlichen im Kindergartenbereich (vor allem Eltern) ist sinnverbundenes Lernen aus einem ganzheitlichen Verständnis heraus möglich. Dorfintegration bedeutet dabei, dass Kinder sich in eigener Verantwortung für die Beteiligung eines Vorhabens entscheiden können – dies muss von den Eltern entsprechend mitgetragen und akzeptiert werden – und dabei ihren Bedürfnissen entsprechend Erwachsene als „Bündnispartner" erleben. Kinder spüren die Ortsverbundenheit ihres Kindergartens zu den Familien und zur Tradition (Brauchtum).

Ein neues Miteinander

Betrachtet der interessierte Leser und engagierte Praktiker die Darstellung dieser vernetzten Gesamtkonzeption im Rückblick, wird ihm sicher auffallen, dass jeder Beschreibung ein bestimmtes Menschenbild zugrunde liegt, welches in gleicher Weise bei allen Umsetzungsspielen des situationsorientierten Ansatzes Berücksichtigung findet. Dieses Menschenbild

ist geprägt von Achtung, Nähe, Würde und Akzeptanz gegenüber dem Anderen.
Der Umgang und die Vorgehensweise miteinander ist entscheidend für das Gelingen dieser Entwicklung und für die Kontinuität der Auf- und Ausbauarbeit. Sicher ist anzumerken, dass alle Beteiligten am „Offenen Astwerk“, trotz vieler erreichter und verwirklichter Ziele, sich immer in der Entwicklung befinden, Tag für Tag diesen Ansatz weiter zu stabilisieren und somit eine offene, den Bedürfnissen der Kinder angemessene Anwaltschaft von Kindern zu bilden.
Wenn Kinder heute Erwachsene als Partner erleben und Erwachsene sich auf die Wahrnehmungsebene von Kinder einlassen, ist ihnen selbst ein eigenes partnerschaftliches Leben möglich. Dieser Ansatz berücksichtigt wie kein anderer die Rechte von Kindern. Dem Recht des Kindes auf Orientierungshilfen, auf persönliche Entfaltung, auf eigene Erfahrungen muss sich jeder Erwachsene, dem Kinder in der Entwicklungsbegleitung anvertraut sind, verpflichtet fühlen. Zeitgemäße Pädagogik geschieht durch das bewusste, reale Erlebnis von Wertschätzung.
Wird zusammenfassend das Berufsbild und die „Alltagsarbeit“ im situationsorientierten Kindergarten genauer betrachtet, dann kann festgestellt werden:

- *Kinder* sehen sich in einem realen „Erlebnisraum Kindheit“, in dem sie ihren Ort Kindergarten und das Umfeld als lebensnah und sinnverbunden erleben.
- *Eltern* und Verantwortliche des Kindergartens gewinnen eine neue Sichtweise für Kinder, lernen Kinder neu verstehen und handeln somit unterstützend und ergänzend aus ihrem Tätigkeitsfeld heraus für die Weiterentwicklung der situationsorientierten Konzeption des Kindergartens.
- *Erzieherinnen* erleben täglich eine neue fundierte und qualifizierte Akzeptanz und erreichen durch echte Beziehungen und (Bündnis-)Partnerschaften zwischen Kindern, Eltern und Kolleginnen eine neue Motivation und Berufsfreude im Alltag.
- In der vielfältigen Begegnung der Personen im „Netzwerk“ erleben Beteiligte ein *Menschenbild,* welches im Miteinander eine Friedensbotschaft erkennen lässt: Geltung hat nicht das Recht des Stärkeren, sondern das tägliche Bemühen um Frieden.

2. Didaktische Grundzüge

Praxis als Ernstfall

Das konkrete pädagogische Handeln braucht nicht „Ratschläge“ seitens der Fachwissenschaften; die Praxis erwartet allerdings wohl, dass diese sich insofern der Praxis nähern, als sie Grundzüge des didaktischen Handelns benennen. Das gehört heute mit zum „guten Stil“ und damit muss auch der situationsorientierte Ansatz rechnen können. Anderenfalls bleibt die Praxis doch nur wieder das Anwendungsfeld nichtpädagogischer Gesichtspunkte und wird gerade nicht zum kritischen Ernstfall auch für fachwissenschaftliche Erwägungen.
Dabei kennzeichnet hier der Begriff „didaktisch“ nicht nur lerninhaltliches oder methodisches Handeln im Einzelfall („Was mache ich?“ oder „Wie mache ich es?“), sondern zielt gleichzeitig auch auf den Gesamthorizont des konkreten pädagogischen Tuns („Wozu mache ich es?“ und „Warum mache ich es?“).

a) Praktische „Wegweiser“ zum situationsorientierten Arbeiten

Heidi Simon

Im Rahmen der Vernetzung sozialer Begegnungen im frühpädagogischen Bereich sind Kernaussagen zur Didaktik bestimmend und wegweisend für ein kindorientiertes Arbeiten. Dazu reicht nicht die Festschreibung eines Konzeptes aus, sondern dazu bedarf es der ständigen Überprüfung der eigenen Vorgehensweise, ja der Tagesreflexion jedes Mitarbeiters. Damit situationsorientiertes Arbeiten gelingt und von einer Kontinuität in diesem Ansatz gesprochen werden kann, sollten folgende Handlungsstrategien Beachtung finden:

- Kinder und Eltern sind Partner und ihre Eigenbiografie bedarf der didaktischen Akzeptanz.
- Alle Verantwortlichen und Beteiligten, die zum Netzwerk Kindergarten gehören, werden über wichtige Ereignisse im Alltag informiert und je nach ihrer Stellung, nach ihren Möglichkeiten und ihren Stärken am Geschehen beteiligt.
- Die so angezielte Miteinsicht, Mitarbeit und Mitverantwortung schafft Bündnispartnerschaft.

- Dazu gehört Zeit für Gespräche nach den Bedürfnissen der Beteiligten (Eltern, Mitarbeiterinnen untereinander, Träger u. a. m.).
- Diese Gespräche werden auf sachlicher Ebene geführt.
- Dazu gehört, dass fachlich professionelle Gestaltungselemente erarbeitet werden, damit alle Beteiligten die Möglichkeit haben, den gewählten pädagogischen Ansatz nachvollziehen zu können. Denn didaktische Transparenz dient der Mitverantwortung.
- Die Begegnung mit Verantwortlichen (Eltern, Träger, Vertreter der Behörden, der Verbände, Wissenschaft, Politik u. a.) nutzt der Multiplikation konzeptioneller Entscheidungen und didaktischer Inhalte.
- Eine wachsende Profilierung der Einrichtung gehört im angemessenen Rahmen mit zum didaktischen Handeln. Ein grundlegender Weg dazu ist es, möglichst viele „Interessierte" zu Veranstaltungen anzusprechen oder einzuladen – auch Personen, die nicht unmittelbar am Geschehen beteiligt sind.
- Die Motivation aller am Netzwerk Beteiligten wird dadurch gefördert, dass ihnen – unter Beachtung der spezifischen Fachlichkeit des Personals – eigenständige Tätigkeitsfelder gewährt werden.
- Jede Mitarbeit und Mitverantwortung verdient, wenn ein gemeinsames Vorhaben gelungen ist, eine berechtigte Bestätigung, die wiederum Interesse weckt und neu motiviert.
- Alle Handlungsformen müssen in einem Sinnzusammenhang stehen.
- Kinder wie Erwachsene erarbeiten sich Regeln, die offenes Arbeiten im Sinne des situationsorientierten Ansatzes ermöglichen. Dabei sind das Modellverhalten und der Vorbildcharakter der Erwachsenen, besonders der pädagogischen Mitarbeiterinnen, richtungsweisend.
- In dieses Regelverhalten sind in gleichem Maße die Eltern mit einbezogen. So wird bereits beim ausführlichen Aufnahmegespräch auf Pünktlichkeit, auf die Hausordnung und auf den Aufnahmevertrag fachlich kompetent und pädagogisch begründet hingewiesen.

Der Entschluss, situationsorientiert zu arbeiten, ist geprägt von einer positiven Lebenseinstellung, die aus der Berufsfreude und aus pädagogischer Zuversicht erwächst. So führen die eigene Lebendigkeit und das persönliche Engagement zur Verantwortung, Anwalt von Kindern zu sein. Wird dabei die Würde der Kinder gewahrt, kommt tatsächlich Kraft aus der Gemeinschaft der „Bündnispartner".

b) Allgemeine Leitlinien pädagogischen Handelns

Franz-Josef Hungs

Bewusstseinsbildung

Solche allgemeinen Leitlinien kommen nicht erst „von draußen“ an die pädagogische, didaktische Praxis heran, sondern sind in ihr bereits eingeschlossen, werden durch das konkrete Handeln bereits mitentschieden. Dieser Tatbestand macht es nötig, sich immer wieder bewusst zu machen, welche grundsätzlichen Entscheidungen in einem pädagogischen Konzept oder Handlungsmodell und im persönlichen, konkreten Handeln mitgegeben sind. Angesichts des situationsorientierten Ansatzes bieten sich dazu erst einmal allgemeine, „formale“ didaktische Einsichten an:

- Die Lebenswelt, die Lebensgeschichte, wie sie in der „Situation“ jeweils ans Licht treten, sind der Ernstfall des pädagogischen und didaktischen Handelns.
- Jedes pädagogisches Konzept muss sich fragen lassen, ob es die grundsätzlichen (anthropologischen) Einsichten und Entscheidungen – das Menschenbild – kennt und bedenkt, die sein Handlungsmodell einschließt.
- Eine solche „Bewusstseinsbildung“ kann nicht einer „Theorie“ oder der „Lehre“ überlassen werden, sondern muss eigenverantwortlich von der Praxis mitgetragen werden.
- Das gilt besonders dann, wenn es um die Werteorientierung des didaktischen Handelns geht. Nicht zufällig ist der situationsorientierte Ansatz gerade in dieser Hinsicht „ins Gerede“ gekommen.

Didaktische Entscheidungen überdenken

Die weiteren Erwägungen wollen dazu beitragen, dass aus diesem „Gerede“ ein Gespräch wird. Dabei gilt das Interesse auch hier den didaktischen Entscheidungen:

- Jedes Kind ist ein Individuum und nicht ein „unfertiges Wesen“, das nicht nur als unantastbare Persönlichkeit zu achten, sondern auch in seiner ökosozialen Vernetzung zu sehen ist. Eben: Weil Menschen keine Inseln sind, können es auch „Situationen“ nicht sein.
- Damit ist eine Wertentscheidung getroffen. Das Gespräch darüber führt leicht dazu, Werte als vorgegebene „Größen“ anzusehen. Das wiederum hat zur Folge, dass gleichsam ein normativer „Überbau“ für das pädagogische Handeln entsteht – als ginge es pädagogisch nur noch (?) darum, solche Werteeinsichten in die Praxis umzusetzen. Doch der sittliche

Ernst des didaktischen Handelns liegt nicht „im Himmel“, sondern ergibt sich aus der konkreten Situation „auf Erden“.

- Wer dies nicht sieht, hat auch keinen Blick für die konkrete Verantwortung, vor die alle am Netzwerk Kindergarten Beteiligten gestellt sind. Dies gilt sowohl für die „Widersacher“ wie für die „Befürworter“ des situationsorientierten Ansatzes. So ist es z. B. angebracht, die Frage zu stellen, ob oder inwieweit pädagogisches Handeln eine „Schule für das Leben“ ermöglichen kann oder ob und inwieweit es Werteinsichten lebendig erhält.
- Wenn in Zusammenhang mit dem situationsorientierten Ansatz von Kommunikationskultur, von Begegnung und von der „Ordnung der Dinge, die der Person dienstbar gemacht werden muss“ (s. o. S. 35), die Rede ist, dann bedarf das einer grundsätzlichen Klärung: Es kann auch in der Frühpädagogik nicht nur um die Selbstverwirklichung des Einzelnen oder um „das Beste für mein Kind“ gehen. Ein solcher Bezug alleine auf die Subjektivität des Kindes lässt sich angesichts der Erfahrungsgeschichte heute nicht mehr rechtfertigen. Es kann nicht nur darum gehen, dass im Kindergarten auch „soziales Lernen“ vermittelt wird – die Maxime muss lauten: Der Platz des Anderen muss im Kindergarten gesichert sein (vgl S. 58 ff). Die Realisierung dieser Maxime mag durchaus in der einzelnen „Situation“ gelingen, aber ob dies dem situationsorientierten Ansatz schon bewusst ist, das bleibt die Frage. Je „offener“ der Kindergarten wird, um so klarer muss er sich in dieser Hinsicht didaktisch entscheiden.
- In dieser Maxime ist ein pädagogisch-didaktischer Auftrag eingeschlossen, den der situationsorientierte Ansatz dann wahrnimmt, wenn er die „politische“ Perspektive jeder „Situation“ erkennt. Daran entscheidet sich heute wahrscheinlich viel mehr die „Wertfrage“, die diesem Ansatz gestellt ist, als an der einzelnen Werte„orientierung“.

Der Blick auf eine Persönlichkeit wie Jesus von Nazaret zeigt, dass solche Fragen und Sorgen, solche Bemühungen und Weisungen dann „in guten Händen“ sind, wenn ihre Grundmaxime die Nähe ist, wenn der Blick auf das Antlitz des Anderen offen bleibt – eben: wenn der Weg Gottes der Mensch ist und bleiben kann (Johannes Paul II.). Das ist – aus christlicher Sicht – immer auch eine didaktische Maxime pädagogischen Handelns.

3. Stimmen aus dem Netzwerk Kindergarten

a) Der Kindergartenverein im „Offenen Astwerk"

(Birgit Rappold, Rita Maurer)

Wie es begann ...

Kindergartenjahr 1989/1990: Bis auf wenige Ausnahmen steht der „alte" Kindergartenbeirat nicht mehr zur Verfügung, denn die Kinder der meisten Beiratsmitglieder sind eingeschult worden. Der im September neu gewählte Beirat kommt zu der einhelligen Meinung, dass er die bisherige Elternarbeit erweitern und vertiefen will. „Kuchen backen" und „Feste ausrichten" sollen nicht mehr als vordergründiges Ziel der Elternarbeit angesehen werden.
Im selben Jahr beschließt der Kindergarten sich am Projekt „Landkindergarten" des Caritasverbandes München-Freising, Projektdauer 09/1990–08/1992, zu beteiligen. In der beginnenden Phase des Umbruchs, der Erneuerung im Kindergarten, auf dem Weg zum „Offenen Kindergarten" wächst die enge Zusammenarbeit zwischen Leitung und Kindergartenbeirat.
Die allgemeine Lebenssituation von Kindern in unserer Gemeinde verdeutlichen wir uns gemeinsam mit dem Team des Kindergartens, um so neue pädagogische Wege zu gehen. Es fällt z. B. auf, dass die Kinder im öffentlichen Leben kaum präsent sind, dass es „traditionelle" Treffpunkte für Kinder nicht mehr gibt, dass Kinderzeiten mehr und mehr von Erwachsenen verplant werden. „Einfach spielen" im Kindergarten und „einfach spielen gehen" daheim sollen wieder mehr in den Vordergrund rücken. Deshalb stellen wir in einer Liste „Spiele unserer Großeltern" zusammen und setzen sie praktisch um. Wir versuchen zusammen mit dem Erzieherteam Möglichkeiten des Miteinander zu schaffen, um eine Vernetzung der Situationen und Lebensbereiche im Kindergarten, in der Familie, in der weiteren mitmenschlichen Umwelt und im gesellschaftlichen Umfeld entsprechend dem Entwicklungsstand der Kinder zu erreichen.
Im Folgenden wollen wir an einigen Situationen veranschaulichen, wie sich die Entwicklung des Vereins vollzogen hat.

Situation „Partnerschaft mit Senegal"

Der Kindergartenbeirat nimmt 1990 in Absprache mit dem Erzieherteam Kontakt zu einem Waisenhaus in Oussouye in Senegal auf. Der persön-

liche Austausch zwischen den beiden Einrichtungen ist möglich, da in unserem Dorf ein Ansprechpartner lebt, der jahrelang als Entwicklungshelfer in dieser Gegend gearbeitet und noch einen guten Kontakt zum Waisenhaus hat. Er besucht das Waisenhaus und bekommt Gegenbesuch aus Senegal. Deswegen ist die Einladung einer Senegalesin in den Kindergarten auch leicht möglich. Sie steht den Kindern für ihre vielen Fragen zur Verfügung. Unsere Ansprechpartnerin zeigt Bilder aus Senegal und berichtet den Kindern hautnah von ihren Erlebnissen in ihrer Heimat. Das Partnerschaftswaisenhaus erhält von unseren Kindern Post: selbst gemalte Bilder, Fotographien und auf Kassette aufgenommene Lieder. Kleine Geschenke ergeben sich aus gemeinsam mit den Kindern und den pädagogischen Mitarbeiterinnen entwickelten Projekten. Dabei wird das „Leben in Afrika" lebendig (u. a. auch durch das Zubereiten afrikanischer Speisen bei einem Afrikafest).
Unsere Kindergartenkinder erhalten aus Oussouye Bilder, Instrumente und Kassetten mit Liedern, die von den dortigen Kindern besungen wurden. Auf diese Weise lernen die Kinder spielend fremde Kulturen kennen und erleben sie im Rollenspiel nach. Dadurch bringen sie Verständnis und Akzeptanz für das Leben in diesem Land auf. Der Kontakt zum Partnerschaftswaisenhaus in Oussouye ermöglicht unseren Kindern multikulturelles Lernen und Erleben.

Situation „Bücherei Buchstabenbaum"

Die Kindergartenbeiräte treffen sich, haben die eigenen Kinder vor Augen, kennen den technischen Medienkonsum ihrer Kinder und überlegen, wie sie einen guten Weg „Zurück zum Buch" einschlagen können. Die Kindergartenzeitung „Pumuckl", die gemeinsam erarbeitet wird, bietet sich an, um jedesmal einen kleinen Teil einer Geschichte auf der letzten Seite zu veröffentlichen, die die Eltern den Kinder vorlesen können. Dieses Interesse sollte weiter gefördert werden.
Wir möchten im Kindergarten eine eigene kleine Bücherei einrichten, in der vorgelesen werden kann. Gleichzeitig können weitere Bücher ausgeliehen werden. Auf diese Weise findet eine Begegnung zwischen Eltern, Kindern und Erzieherinnen und ein gegenseitiges Kennenlernen spontan und unkonventionell statt.
Unsere Gedanken setzen wir um, und so entsteht unsere neue Bücherei. Sie wird zu einer Begegnungsstätte zwischen Kindern und am Kindergartengeschehen Interessierten und erhält den Namen „Buchstaben-

baum". An einem symbolischen Baum im Kindergarten hängen Einkaufsvorschläge für Bücher. Hier können sich Erwachsene mit Kindern ein Buch auswählen, es besorgen und mit einer persönlichen Widmung versehen der Bücherei spenden.
Auf diese Weise entsteht eine von den Eltern getragene Bücherei, die eine persönliche Atmosphäre ausstrahlt. Heute verfügt die Bücherei durch weitere Buchspenden von Vereinen und durch Eingliederung von Büchern aus der Pfarrbücherei über mehr als 500 Bücher. Sie bietet Bücher für Kinder und Jugendliche an sowie pädagogisch aktuelle Fachzeitschriften und Literatur für Erwachsene.
Die Öffnungszeiten für die Bücherei haben wir so gelegt, dass sie mit den Abholzeiten der Kindergartenkinder identisch sind. Die Bücherei trägt sich hinsichtlich der Anschaffung und Unterhaltung der Bücher allein durch Spenden.

Situation „Gartenanlage"

Mit der Gestaltung des Außenbereiches des Kindergartens sind weder die Kinder, die pädagogischen Mitarbeiterinnen noch die Eltern zufrieden. Die Einrichtungen sind veraltet und entsprechen auch nicht mehr voll den Auflagen. Da eine Erweiterung des Kindergartens ansteht, ist es nicht sinnvoll bei den Außenanlagen viel zu ändern. Aber ein Teil des Gartens kann schon jetzt neu gestaltet werden. Gemeinsam planen wir (Kinder, Erzieherinnen und Eltern) eine neue Gartenanlage. Das Motto „Wie wünschst du dir den Garten des Kindergartens?" regt die Kinder zu begeisterten Planungen und Zeichnungen an. Ihre Entwürfe sind die Grundlage für das entstehende Indianerdorf. Gemeinde und Eltern unterstützen den Bau tatkräftig durch Eigenleistungen.

Situation „Kinderfest 1991"

Die Öffnung des Kindergartens nach außen, die Einbettung des Kindergartens in das Dorfleben schaffen der Träger des Kindergartens, die Pfarrei Ast, und das Kindergartenteam allein nicht, dies ist nur durch die Zusammenarbeit mit den Eltern möglich. Wir planen gemeinsam ein großes Kinderfest, bei dem das Bewusstmachen der „Entinselung" unserer Kindertagesstätte als Ziel im Vordergrund steht. Der Bürgermeister übernimmt bereitwillig die Schirmherrschaft. Die Vereine der Gemeinde helfen mit, das Kinderfest zu gestalten. Eltern und Dorfbewohner unterstützen uns bei der Verköstigung der Gäste, spenden für den Flohmarkt und sind Ansprechpartner für die Kinder am Bastelstand. Die Schulkinder

beteiligen sich am Rahmenprogramm mit einem Tanz. Eine kindergarteneigene und eine schuleigene Fahne werden in der Kirche geweiht.
Der gute Besuch des zweitägigen Festes, die Hilfe und Unterstützung von allen Seiten zeigen uns den hohen Stellenwert des Kindergartens in der Gemeinde. Wir sehen das Interesse und die Verbundenheit der Bevölkerung mit unserer Einrichtung. Erstmals wird ein gemeinsames Fest erlebt und zusammen gestaltet, ohne dass Kinder „vorgeführt" werden. Kinder und Erwachsene sind gemeinsam Beteiligte. Die geplante Gartenanlage wurde mit den Einnahmen dieses Festes mitfinanziert.

Zwischenbilanz: Gründung des Kindergartenvereins

Fast jedes Jahr findet bei der Kindergartenbeiratswahl eine starke Fluktuation statt. Sie ist dadurch bedingt, dass die Beiratszeit meist auf zwei Jahre beschränkt ist, da die Kinder der Beiräte in die Schule kommen. Wozu dann Elternarbeit aufbauen? Wollen die neuen Beiräte nicht ihre eigenen Ideen verwirklichen? Wollen sie überhaupt „altes Gedankengut" aufnehmen? Wollen sie, wie in unserem Kindergarten, weiterhin den Kontakt zum Partnerschaftskindergarten pflegen, wollen sie Seniorennachmittage, wollen sie unsere Planungen der Gartenanlage übernehmen, wollen sie eine Bücherei und auch eigene Ideen noch verwirklichen? Wie können sie diesen Arbeitsaufwand bewältigen?
Im Kindergarten läuft noch das Projekt „Landkindergarten", das von allen Beteiligten sehr viel Zeit und Einsatz abverlangt.
Es drängt sich eine Aufteilung der Aufgaben auf, soll die Vernetzung weiterhin belebt sein. Das Bilden von Arbeitsgruppen im Beirat allein genügt nicht mehr, hierzu gehören mehr Personen. Engagierte aus dem Kindergartenbeirat, ausgeschiedene Eltern und andere Interessierte könnten einen Teil der anfallenden Aufgaben übernehmen – so glauben wir. Deshalb gründen wir am 3. 2. 1992 mit 19 Personen einen *Kindergartenverein.* Laut Satzung übernimmt er die Aufgabe den Betrieb des Kindergartens finanziell zu fördern und als wichtigsten Punkt: den Betrieb des Kindergartens in seiner pädagogischen Arbeit zu unterstützen.
Dass es kein Einmischen in die pädagogische Arbeit der Erzieherinnen ist und sein kann, braucht hier nicht erläutert werden: Es geht um ein vernetztes Arbeiten mit eigenständigen Arbeitsbereichen in gemeinsamer Zielsetzung mit dem Kindergarten, mit dem Blick auf die pädagogische Verantwortung für das Kind. So bestimmt die Chronologie der beschriebenen Situationen die Gründung des Kindergartenvereins im Jahr 1992.

Wie ein roter Faden zieht sich die vernetzte Arbeitsweise mit ihren Zielen weiterhin durch die noch folgenden Situationen, nur tritt der Kindergartenverein als ein Gremium in diesem Netz hinzu und weitet seinen Kompetenzbereich aus.

Folgende Hauptziele setzen wir uns:

1. Die aufgebaute Kindergartenbeiratsarbeit nicht nach zwei Jahren abzubrechen, sondern mit eingearbeiteten Eltern weiterzuführen, und – ganz wesentlich – die begonnenen Projekte auszubauen.
2. Kindergartenübergreifend die Brücke zur Pfarrei, Schule, Gemeinde, zu den Vereinen und zum Dorfleben zu schlagen und stabilisieren.
3. Uns für die Belange der Kinder allgemein einzusetzen und Kinderkulturarbeit anzuregen.

Für Punkt 1. und 2. haben wir uns schon als engagierter Kindergartenbeirat eingesetzt. Aber mit der Gründung des Kindergartenvereins kommt als zusätzliche Aufgabe Punkt 3. hinzu. Unser Ziel ist eine vernetzte Arbeitsweise, die durch folgende Vereinbarungen gesichert ist:

1. Regelmäßige Zusammenkünfte zwischen Träger, Erzieherinnen, Kindergartenbeirat und Vereinsausschuss.
2. Teilnahme eines Mitglieds des Vereinsausschusses an Kindergartenbeiratssitzungen.
3. Wahl eines delegierten Mitglieds des Kindergartenbeirats in den Vereinsausschuss nach Satzung.
4. Veröffentlichungen des Kindergartenvereins in der Kindergartenzeitung „Pumuckl“, im Pfarrbrief und in der Tageszeitung.
5. Verwaltung des gemeinsam erwirtschafteten und gespendeten Geldes durch den Kindergartenverein. Mit je einer Stimme entscheiden die Gremien Kindergarten, Beirat und Verein über Ausgaben und Anschaffungen.

Inzwischen haben wir knapp hundert Mitglieder. Alle in der Öffentlichkeit stehenden natürlichen und juristischen Personen in der Gemeinde und Pfarrei sind im Kindergartenverein vertreten und zeigen damit ihre Verbundenheit.

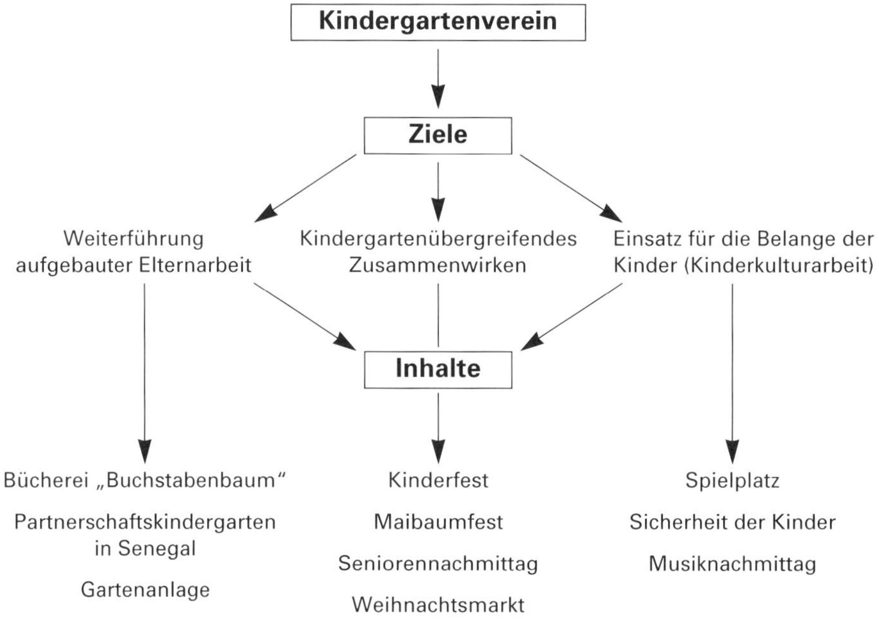

Situation „Maibaum 1993“

Wenn der Kindergarten einen hohen Stellenwert in der Gemeinde hat, dürfen am Maibaum im Dorf die Tafeln „Kindergarten“ und „Kindergartenverein“ nicht fehlen. Die Verantwortlichen und Beteiligten laden zum Maibaumfest ein.

Die Schirmherrschaft übernimmt für dieses Fest die „Vereinigung der Unzertrennlichen“, ein Gesellschaftsverein, der den Maibaumbrauch in Ast eingeführt hat und weiterhin pflegt. Der Kindergartenverein kümmert sich zusammen mit dem Beirat und den pädagogischen Mitarbeiterinnen um den Entwurf der beiden Maibaumtafeln. Die Tafel für den Kindergarten zeigt eine offene Tür, die den Weg hinaus öffnet und zugleich einen Blick in den Kindergarten ermöglicht. Sie symbolisiert, dass Kinder nicht hinter verschlossenen Türen „aufbewahrt“ werden, sondern am Dorfleben teilnehmen, in das Dorfleben eingebettet sind. „Pumuckl“, der Namensgeber der Kindergartenzeitung, sitzt auf der Türklinke und hält die Tür geöffnet. Er hat die Aufgabe, über den Kindergarten zu informie-

ren, und zwar nicht nur die Eltern, sondern auch Interessierte in der Gemeinde und in der Pfarrei. Die andere Tafel bildet das Doppel zum Kindergartenschild und zeigt einen Baum, unter dem die Kinder spielen und dessen „Früchte“ sie ernten. Der Baum als Symbol ist schon zu dieser Zeit Zeichen für unsere gemeinsam getragene Arbeit und findet sich später wieder beim Sinnbild und Namen für die Konzeption „Offenes Astwerk“.
Die Anbringung der beiden Tafeln neben den Traditionsschildern am Maibaum macht Kinder und Erwachsene an diesem Festtag zu Beteiligten und zeigt, dass sowohl der Kindergarten als auch der Kindergartenverein ein nicht mehr wegzudenkender Bestandteil des Dorflebens sind.
Ein gemeinsamer Kreistanz um den Maibaum versinnbildlicht das Zusammenwirken von Groß und Klein, Jung und Alt, von direkt Verantwortlichen und der breiten Elternschaft, von Pfarrei und Gemeinde.

Situation „Seniorennachmittag“

Viele Kinder haben durch die veränderte Situation der Kleinfamilie nicht mehr die Möglichkeit, in dem Maße, wie es früher üblich war, mit älteren und alten Menschen in engere Beziehung zu treten, mit ihnen zu spielen, sich mit ihnen zu unterhalten, ihre Vergangenheit in Ansätzen nachzuvollziehen und mit ihnen gemeinsam etwas zu unternehmen und zu erleben.
Deshalb besuchen wir mit interessierten Kindergartenkindern die Senioren (während eines Seniorentreffs), unterhalten uns, singen und tanzen mit ihnen.
Die Senioren kommen zu einem Gegenbesuch in den Kindergarten, lassen sich von den Kindern durch „ihr Haus“ führen und spielen mit ihnen.
Senioren lesen Kindern in der Begegnungsstätte Bücherei „Buchstabenbaum“ aus Büchern vor.
Spielerisch wächst das Verständnis füreinander und Senioren und Kinder gewinnen gegenseitig Vertrauen.

Situation „Weihnachtsmarkt“

Jedes Jahr findet in der Gemeinde an einem Adventswochenende ein kleiner Weihnachtsmarkt statt. Eltern (aus Beirat und Verein) beteiligen sich mit einem Stand an dieser Dorftradition. Zum Verzehr werden Kindertee, eine Suppe und selbst gebackene Lebkuchen angeboten. Kindertische und -stühle laden zum Verweilen ein. Zum Verkauf werden Holzspielsachen und Handarbeiten aus Senegal angeboten.

Situation „Spielplatz“

Durch die zunehmende Siedlungstätigkeit in Ast planen Eltern einen neuen Spielplatz im Dorf. Gemeinsam mit dem Bürgermeister und einer Abordnung des Gemeinderates beraten einige Eltern des Beirats und des Kindergartenvereins die Vorgehensweise bei der Platzgestaltung. Über ein passendes Grundstück erfolgt Einigung. Wir nehmen Kontakt zu einer bekannten Fachfirma für Spielplätze auf und laden den Architekten ein. Dieser übernimmt viele unserer Anregungen. Mit dem Bau kann begonnen werden.

Die Einweihung des Spielplatzes ist gleichzeitig das Gemeindefest und bringt viel Spaß sowie Hilfe und Unterstützung von allen Seiten. Die Einnahmen des Festes stellen wir der Gemeinde als finanzielle Eigenleistung zur Verfügung. Die Betroffenen und Beteiligten drücken damit ihre Dankbarkeit für den neuen Spielplatz aus. Unseren weiteren Anliegen stehen jetzt die Verantwortlichen in der Gemeinde wohlwollend gegenüber. Ein weiterer Spielplatz ist inzwischen im Nachbarort, dem Gemeindesitz Tiefenbach, unter den gleichen Voraussetzungen entstanden.

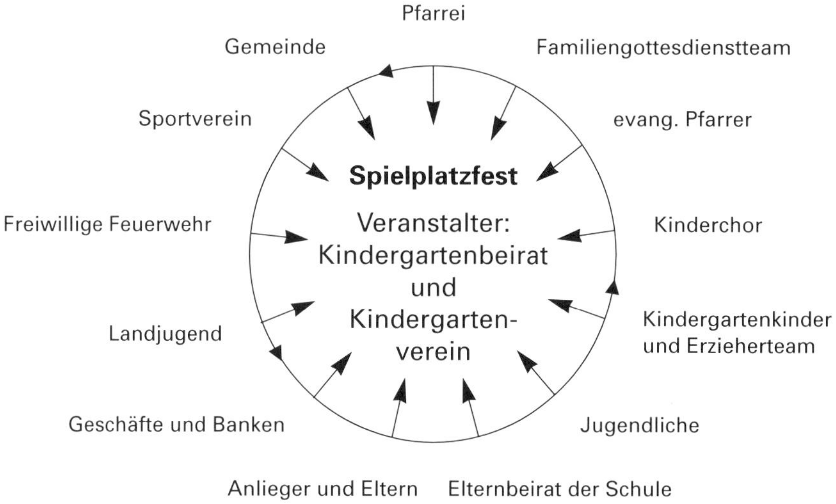

Situation „Sicherheit der Kinder“

Im Gemeindegebiet wird Bentonit durch ein großes Unternehmen abgebaut. Es bestehen Gefahrenzonen für die Kinder. Durch Verhandlungen erreichen wir, dass Sicherheit durch einen Zaun geschaffen wird.

Einen kulturellen Schwerpunkt stellt der Musiknachmittag dar. Veranstalter ist der Kindergartenverein. Interessierte Kinder aus dem Gemeindebereich gestalten diesen Nachmittag. „Singend und klingend" – so das Motto der Veranstaltung – bereiten viele kleine und größere Kinder mit Unterstützung von Erwachsenen ihre selbst gewählten Musikstücke vor, mit denen sie sich zur Teilnahme an dieser Veranstaltung eigenständig entscheiden und anmelden. Dieser Musiknachmittag, an dem Kinder und Erwachsene gemeinsam musizieren, fand eine große Resonanz im Dorf und in der Gemeinde, und er wird wohl zu einem festen Bestandteil des Gemeindelebens auf kultureller Ebene werden. Kinderkulturarbeit aufzubauen, zu unterstützen und zu fördern gehört zu den Zielen, die sich der Kindergartenverein gesetzt hat.

Situation „Musiknachmittag"

Mit einer Kindergartenbeiratswahl haben die Ausführungen begonnen. Aus der gemeinsamen Arbeit heraus kam es zur Gründung des Kindergartenvereins. Beirat und Verein sind zusammen mit dem Kindergarten neue Wege gegangen und werden sie auch weiter gehen. Durch die vernetzte Arbeitsweise haben sie andere Aufgaben zu bewältigen, um dem Kind in seiner Werthaltung bei den veränderten gesellschaftlichen Bedingungen und dem veränderten sozialen Umfeld gerecht zu werden. Mit voller Unterstützung des Kindergartens bezieht der Kindergartenverein bei dieser Betätigung auch die Schulkinder mit ein. Den Kindern soll auf der Basis ihrer positiven Kindergartenerfahrungen auch im späteren Kindheitsalter eine Lebenswelt gesichert werden, die sie seelisch stark macht und dazu beiträgt, dass sie sich in ihrem Umfeld beheimatet fühlen. Wenn wir neue pädagogische Wege gehen und wenn diese Vorgehensweise auch anderen Eltern verständlich gemacht werden soll, so bedeutet dies, dass Beiräte und Verantwortliche des Kindergartenvereins auch eine gute Weiter- und Fortbildung erfahren sollen. Finanzielle Mittel stellt der Kindergartenverein nach Absprache der drei zuständigen Gremien zur Verfügung. Es beteiligen sich dabei Eltern, die produktiv mit den pädagogischen Mitarbeiterinnen des Kindergartens zusammenarbeiten und gleichzeitig zu kompetenten Multiplikatoren für die anderen Eltern werden. Den situationsorientierten Ansatz in der sozialpädagogischen Praxis gemeinsam umzusetzen bedeutet auch, ein notwendiges Informationspotential bei den im Kindergartenbeirat und im Verein engagierten Eltern zu schaffen.

Bilanz und Reflexion

b) Am Netzwerk Beteiligte berichten

Auch für den situationsorientierten Ansatz gilt die allgemeine pädagogische Maxime: „Betroffene zu Beteiligte machen“, und „Beteiligte“ kennt der offene Kindergarten viele. Sie sollen im Folgenden auf ihre Art zu Wort kommen. Dabei spricht gerade der Unterschied in den Sichtweisen oder die Verschiedenheit in den Darstellungen für die Offenheit und Weite einer situationsorientierten Frühpädagogik.
So sind die folgenden Impressionen auch mehr als nur „Echos“ – sie sind gestaltende und prägende Elemente zu gemeinsamem Tun und Streben.

Ein Kind

Der wundervolle Kindergarten

Vorwort

Hallo,
ich bin Thomas Berger und gehe in die 3. Klasse. Nun will ich von der Zeit im Kindergarten erzählen, von unseren Spielecken und Spielräumen, von der Werkstatt und dem Musikraum. Jetzt geht's los:

Bei mir gab es die Gruppen Bärenhöhle, Spatzennest und Fuchsbau. Jetzt ist eine Gruppe dazugekommen, sie heißt Biber-~~höhle~~ berg. Es gab und gibt immer noch die Kuschelecke (wirklich sehr kuschlig, vor allem, wenn man müde ist!). Oder die Malecke. Hier hat jedes Kind seine eigenen Farben. Man kann auch in der Malecke basteln (wird öfter gemacht). Wenn man in die Bauecke 'mal reinschnuppert, sieht es manchmal sehr leer aus, doch mit den Holzklötzchen kann man die schönsten Türme bauen! Schaut man sich die Bauernecke an, sieht man ein Holzhaus mit Holzpüppchen. Hier wohnen Bauer und Bäuerin mit ihren Tieren. Aber das ist noch nicht alles: jetzt nehmen wir das Musikzimmer unter die Lupe. Man findet Xylophone und Metallophone. Und mit dem Keyboard ist man ein Musikstar! Besonders viel erzählen will ich von der Werkstatt. Dort habe ich den Staubsauger gebaut, der hier zu sehen ist. In der Werkstatt gibt es Sägen, Hammer, Leim, Holz usw. Die Nägel sind in Schächtelchen nach verschiedenen Größen geordnet.
Mir hat vor allem die Werkstatt gefallen, dort war ich auch die meiste Zeit. Aber das Spielen war eigentlich überall schön. Es gibt noch viel, viel mehr zu erzählen, aber leider weiß ich nicht mehr alles. Der Kindergarten St. Georg ist und bleibt der Schönste!!!
Manchmal wünschte ich mich wieder dort hin.

Ziel der Arbeit im Kindergarten sollte es sein, Kinder zu aktiven Persönlichkeiten reifen zu lassen, die mit sich, ihrer Umwelt, ihren Mitmenschen und ihrer Freizeit etwas anzufangen wissen und die „emotionales Wohlbefinden“ aufbauen und erfahren können. Der situationsorientierte Ansatz bietet zahlreiche Möglichkeiten diese Ziele bestmöglich zu erreichen. Das Kind steht der Erzieherin als gleichberechtigter Partner gegenüber. Diese Gleichberechtigung verhindert, dass das Kind mit Vorschlägen überhäuft wird. Die Ideen und Phantasien der Kinder finden Beachtung und werden berücksichtigt. Das vom Erwachsenen angeleitete Tun tritt in den Hintergrund, Kinder und Erzieherinnen arbeiten und entwickeln miteinander. Dies bedeutet einen ständigen Ansporn zur Weiterentwicklung, so dass kein „Alltag“ mit festgefahrenen Verhaltensmustern entsteht. Das freie, selbst gewählte Spiel der Kinder gewinnt immer mehr an Bedeutung. Auf diesem Weg werden die Kinder begleitet. Grundlage dafür ist eine intensive Beobachtung, wie sie der situationsorientierte Ansatz fordert. Die Öffnung nach innen schafft hier ideale Voraussetzungen. Durch die Rückzugsmöglichkeiten in die Aktionsräume haben die Kinder (auch in der Gruppe) mehr Freiraum, stören sich nicht gegenseitig und es entwickelt sich ein ausdauerndes und engagiertes Spiel, welches zugleich Verarbeitungshilfen für erlebte Ereignisse bietet. Die Erzieherinnen können durch diese „Entzerrung“ individueller auf Bedürfnisse der Kinder eingehen und mit ihnen Aktivitäten entwickeln. Durch die Auswahl der Räume haben die Kinder Gelegenheit, sich dem momentanen Bedürfnis entsprechende Tätigkeiten zu suchen, welche jedem Einzelnen helfen, unbewältigte Erfahrungen aufzuarbeiten und sich somit zu entlasten. Gleichzeitig bieten die gewonnenen Freiräume für die Erzieherinnen die Möglichkeit pädagogische Schwerpunkte zu setzen und genaue Beobachtungen zu erstellen, was die Voraussetzung für die Erarbeitung der Lebenspläne der Kinder ist.

Einer der zusätzlichen Spielräume ist der „Rollenspielraum“. Hier treffen sich Kinder aus allen Gruppen. Die Ziele, die bei der Planung und Entwicklung dieses Raumes angestrebt wurden, werden durch vielfältige Spielmöglichkeiten im Kaufladen, in der Verkleidungsecke, in der „Arztpraxis“ und im Friseursalon, in der Kuschelecke, auf der Theaterbühne und im „Wohnhaus“ erreicht. Hier leben die Kinder ihre Phantasie aus, sie erleben sozialen Umgang miteinander und lernen Kinder aus anderen Gruppen kennen. Ängste können verarbeitet werden, Selbstständigkeit

wird gefördert, und notwendige Regeln werden akzeptiert und eingehalten. Dieser Raum unterstützt die Persönlichkeitsbildung, Gerechtigkeitssinn und Entscheidungsfreiheit werden eingeübt. Die Entwicklungsbegleiterin in diesem Spielraum ist, dem situationsorientierten Ansatz entsprechend, für die Kinder da, beobachtet, integriert sich in das Spiel, lernt die Kinder besser kennen und kann so optimale Unterstützung und Hilfe anbieten. Die hier beobachteten Ausdrucksformen der Kinder werden schriftlich festgehalten und entschlüsselt. Dies stellt u. a. eine wichtige Grundlage für die Lebenspläne der Kinder dar und ist Voraussetzung für die Projektentwicklung.
Der Einsatzbereich in der Werkstatt bedeutet z. B. ein persönliches Dazulernen. Da vorher auch im Erzieherteam kaum Kenntnisse über den Umgang mit Werkzeug und die Verarbeitung des Materials Holz vorhanden waren, mussten zunächst einmal eigene Hemmungen überwunden, Erkundigungen eingezogen und Erfahrungen aufgebaut werden. Neue eigene Fähigkeiten und Fertigkeiten werden so entdeckt. Um immer auf dem aktuellen Stand zu sein, ist ein eigenständiges „Sich-Fortbilden" und „Mitwachsen" nötig. Durch diese Auseinandersetzung wird die Ebene der Kinder erreicht und das Erlebnis einer echten Partnerschaft erzielt, wie es dem Menschenbild des situationsorientierten Ansatzes entspricht. Dabei ist die Offenheit für Neuerungen und Wünsche von Kindern und Kolleginnen wichtig. Die Einführung, Mithilfe, Beteiligung und Anregung bei entstehenden Werksarbeiten bedeutet für die begleitenden Erzieherinnen echtes Mitempfinden, Freude und Anteilnahme an jedem fertigen Produkt der Kinder. Durch den Verantwortungsbereich „Werkstatt" entwickeln sich eigene Interessen, was eine persönliche Bereicherung darstellt.
Die Kinder nehmen die große Vielfalt der zusätzlichen Spielräume im Kindergarten sehr gut an. Durch diese gruppenübergreifende Begegnung herrscht weniger „Besitzdenken". Eine intensivere Auseinandersetzung mit der ganzen „Kindergartensituation" – die alle Bereiche betrifft, nicht nur „meine" Gruppe – geht mit einer höheren Verantwortung für alle Kinder einher. Wichtig ist dabei das Loslassenkönnen und die Fähigkeit Vertrauen in Kinder und Kolleginnen zu setzen. Um diesen Anforderungen gerecht zu werden, war und ist es wichtig, im Team eine Vertrauensbasis vorzufinden. Bedenken, Unsicherheiten und Probleme können vertrauensvoll in der Mitarbeiterinnnenrunde diskutiert werden. Um diese Basis zu schaffen und die Arbeiten nach situationsorientiertem Ansatz zu fes-

tigen und auszubauen sind regelmäßige Dienstkonferenzen unumgänglich. Sie bieten einen Rahmen für den Austausch mit den Kolleginnen, die Aufarbeitung noch nicht gelöster Probleme mit Kindern, Organisatorisches und die Entwicklung der Konzeption. Gespräche untereinander und die Bereitschaft neue Impulse und Anregungen aufzunehmen sind notwendig. Im Team getroffene Absprachen müssen eingehalten, im Bedarfsfall Änderungen abgesprochen werden. Durch Fortbildungen, Lektüre usw. ist eine fachliche Kompetenz anzustreben.
Die „Öffnung nach außen", die die Lebenssituation der Kinder im Dorf besonders berücksichtigt, stellt durch die aufgeschlossene Beteiligung der Eltern eine große Bereicherung dar. Nicht selten kommt eine Einladung den Obstgarten oder neugeborene Haustiere zu besuchen. Ehemalige Kindergartenkinder kommen vor oder nach der Schule mal „auf einen Sprung" vorbei, oder die ganze erste Klasse überraschte uns im Fasching mit einem „Geisterrock". Kontakte entstehen auch durch die Beteiligung von Kindern und Eltern an Festen mit Brauchtumspflege im Dorf.
Wir fühlen uns bei dieser Arbeitsweise mit Kindern, Kolleginnen und Eltern sehr wohl, erleben eine neue Berufsmotivation und fachliche Akzeptanz, sind uns aber auch bewusst, dass es keine leichte Arbeit ist und wir uns in ständiger Entwicklung befinden. Das richtige Erkennen der notwendigen pädagogischen Handlungsweise im Sinne des situationsorientierten Ansatzes erfordert von allen Mitarbeiterinnnen persönlichen Einsatz, Interesse am Geschehen, Lernbereitschaft, Offenheit, Flexibilität sowie engagiertes Arbeiten. Doch diese Arbeit ist sehr interessant, vielseitig, sensibel und lebendig und mit dem Wissen verbunden, Kindern einen zeitgemäßen „Lebensraum Kindergarten" zu bieten.

Das Erzieherinnenteam des Kindergartens St. Georg

Der Träger

Die Trägerschaft – in unserem Fall die Kirchenstiftung Ast – ist eingebunden in ein vielfältiges Geflecht von Beziehungen, eben ein Netzwerk, wie man heute sagt.
Aus meine Kaplanzeit höre ich noch die Warnungen der Pfarrer: „Schaff dir niemals einen Kindergarten an, du hast nur Ärger, sei es mit den Eltern oder den Erzieherinnen; dauernd beklagt sich einer über den anderen, und du kannst nur Streitigkeiten schlichten; und erst die Verwaltung!"
Als ich im Februar 1982 die Anweisung für die damalige Kuratie Ast erhielt, bestand schon knapp zwölf Jahre (1970 von meinem Vorgänger Pfarrer

Gantenhammer † gegründet) unter der bewährten Leitung von Frau Heidi Simon der Kindergarten St. Georg in Ast.
Doch siehe: Statt Ärger gabe es Freude, Kollegialität, ein gutes Verhältnis zwischen Kindergartenbeirat und Erzieherteam. Sehr bald machte es Spaß, mit den Kinder zu leben, zu erzählen (z. B. mit Dias vom Hl. Land) und so über die Kinder an die Eltern „ranzukommen".
Und es kamen immer mehr, die Gemeinde stellte Bauland zur Verfügung, junge Familien siedelten sich an. Bei Dienstgesprächen immer wieder mal dabei, waren es eher die kurzen Kontakte während des Jahres, die mir genügten; ein allgemeiner Betriebsausflug alljährlich war oft der Höhepunkt. Doch mit der Zeit stiegen die Ansprüche an Betreuung, Bildung, Ausstattung, Mitsprache und „Einmischen" der Eltern. Der Caritasverband startet das Projekt „Landkindergarten", an dem sich auch unser Kindergarten beteiligt.
Ist ein kirchlicher Kindergarten etwas Besonderes? Er muss nicht – könnte es aber sein. Es freut mich im Vorübergehen zu hören: „Aber Mama, kennst du den nicht, das ist doch unser Pfarrer!" Vielleicht kann so ein Stück Gemeinde entstehen.
Nun ist mehr Einsatz nötig, Begleitung und Information. Das Projekt wächst: viele neue Ideen, manche Eltern sind nicht zu bremsen – hoffentlich wird's nicht zu viel. Immer wieder Kurzbesuche im Kindergarten, sogar im Schwimmbad; ganz selten Wechsel der Mitarbeiter, doch eine bleibt, trotz verlockender Angebote: unsere engagierte Frau Simon, Heidi von den Kindern gerufen, für die sie mit allen Kräften immer im Einsatz ist.
Das Projekt entwickelt langsam eine Eigendynamik und manche Konflikte, auch innerhalb der Kirchenverwaltung, tauchen auf. „Neuer Wein in alte Schläuche" passt nicht! Umdenken, Mitgehen ist gefragt. Sind Mieteinnahmen höher zu bewerten oder die Idee des „Buchstabenbaumes" (Büchereiraum)? – Sollten aus der Kirche Ausgetretene eine „freiwillige Spende" als Ersatz für vorenthaltene Kirchensteuern leisten? – Darf man „treue Kirchgänger" oder engagierte Mitarbeiter im kirchenlichen Dienst nicht bei der Bereitstellung eines Kindergartenplatzes bevorzugen? – Die Warteliste wird immer länger, da können Gesetze auch nichts ändern.
Das Projekt wird zum Modell. „Die Geister, die ich rief ..." Nichts ist mehr aufzuhalten; „neue Schläuche" müssen her. Die Baumaßnahme beginnt – bald eine schier endlose Geschichte. Ein eigenes Buch wäre zu schreiben: Wie bringe ich Architekt, Eltern, Wünsche der Kinder, Erzieherteam

und Kirchenverwaltung samt Ordinariat unter einen „Hut"? – Überhaupt nicht! Es kracht an allen Ecken und Enden. Macht nichts!
Ein Kindergartenverein entsteht unter trefflicher Leitung der ehemaligen Vorsitzenden des Kindergartenbeirats. Frau Simon, mittlerweise 25 Jahre Leiterin (Ehemalige bringen als Eltern ihre Kinder ins Haus), erhält aus der Hand des Kultusministers als erste Erzieherin die Auszeichung „PRO MERITIS"– wenn das nicht anspornt und bestätigt, auf dem richtigen Weg zu sein.
Die Kollegen fragen: „Hast du nichts anderes zu tun in der Seesorge?" Klar gibt es genug zu tun, aber was sind Prioritäten? Wie schön, wenn wir in der Schule, in der Kirche die Lieder aus dem Kindergarten singen können: „Hallelu, Hallelu, Halleluja, lobet den Herrn!" Gewiss, immer mehr Sitzungen, Gespräche, Bautermine liegen an; aber bei diesem Ziel vor Augen: Unser „Offenes Astwerk" mit Platz für alle Kinder, die auf der Warteliste stehen – und noch mehr, mit einem homogenen Erzieherteam unter kompetenter Leitung, mit engagierten Eltern in Beirat und Verein, das muss ja gelingen!
Und was ist nun so „kirchlich" daran? Kommen Sie und schauen Sie sich um, vielleicht erspüren Sie's.
Kürzlich standen drei kleine Kinder an meiner Gartentür (sie kennen das Haus vom Krippenbesuch des Kindergartens an Weihnachten, vom Besuch der Schneeglöckchen-Blüte im Pfarrgarten und vom Fischerl-Anschauen im Gartenteich): „Wir wollten dich mal besuchen!" – *da muss man sich doch Zeit nehmen.*

Pfarrer Winfried Gabrüsch,
Träger des Modellkindergartens St. Georg in Ast

Der Kindergartenbeirat

Ein individueller Ansatz

Einige Beispiele aus dem Alltag eines situationsorientierten, offenen Kindergartens:
Mein damals dreieinhalbjähriger Sohn wollte aus mir nicht ersichtlichen Gründen nicht mehr in den Kindergarten gehen. Meine Rückfrage bei der Erzieherin ergab, dass das Kind in der Gruppe keine Schwierigkeiten hatte. Sie zählte mir dann aber nicht den organisatorischen Tagesablauf und die Aufsichtsregelungen auf, sondern suchte weiter das Gespräch über die Gründe meiner Beunruhigung. Dabei wurde mir klar, daß meine eigenen Ängste, meinem Kind nicht immer und überall alle Schwierigkeiten aus dem Weg räumen zu können, ein Teil des Problems waren.

Diese Erfahrung, mit Hilfe der Erzieherin meine Loslösungsschwierigkeiten zu erkennen und damit bewältigen zu können, hat das Vertrauen begründet, dass sie auch mein Kind in seiner seelischen Entwicklung unterstützen und begleiten kann.

Ein Schwimmkurs

Der Kindergartenbeirat überlegte, dass es für die Kinder besser ist, das Schwimmen zusammen mit ihren Freunden im Kindergarten zu lernen statt in einer fremden Kindergruppe. Deshalb organisiert er jedes Jahr einen Schwimmkurs. Auch für die Mütter hat dies viele positive Folgen: Man kann sich mit einer anderen Kindergartenmutter abwechseln beim Bringen und Holen der Kinder. Und während die Kinder vom Schwimmlehrer angeleitet werden, entsteht ganz zwanglos eine gute Kontaktmöglichkeit zwischen einer großen Anzahl von Kindergarten-Eltern. Aus einer solchen Situation ergab sich die Bekanntschaft der Kindergartenbeiratsvorsitzenden mit einer Mutter, die mit drei kleinen Kindern zuerst etwas isoliert in einem kleinen Ortsteil der Gemeinde lebte. Sie stellte sich dann für den Kindergartenbeirat zur Wahl, woraus eine für beide Seiten sehr bereichernde Beziehung entstand.

Projekt „Baum“

Dem situationsorientierten Ansatz entsprechend entwickelte sich im Kindergarten das Projektthema „Wachsen – Baum“ (die neue Gartenanlage entsteht gerade – die Kinder beobachten und erleben die Ereignisse mit). Innerhalb dieses Projekts entstand ein musikalisches Rollenspiel – Ausgangssituation war dabei das Bilderbuch „Die Baumhauskinder“ von Marlene Reidel. Dazu stellten die Kinder selbst ihre Kostüme und Requisiten vormittags in den Gruppen und „offenen“ Räumen her.
Bald wurde die Idee zur Wirklichkeit: Dieses „Kreativtheater“ – die Kinder erproben „Räubermelodien“ u. Ä. in ihrem Musikzimmer – zeigten wir unseren Gästen zur Einweihungsfeier.
Der Kindergartenbeirat unterstützte diese Arbeit hauptsächlich in der Bühnendekoration. Er entwarf einen „Baumhaus-Baum“, der sich während der Vorstellung „entfalten“ konnte. Die Zeit zum Bedrucken der Baumkrone durch die Kinder im Kindergarten wurde knapp. Nach Absprache mit den Erzieherinnen trafen sich interessierte Kinder in Kleingruppen am Nachmittag. Unter Anleitung des Kindergartenbeirats bedruckten sie die Papierbahn der Blätterkrone ihres Baumes außerhalb des Kindergartens.

Vor allem die berufstätigen Eltern der Sechs-Stunden-Kindergartengruppe stehen bei der Einschulung vor einem Problem. Die Tagesschulzeit der Kinder ist nun viel kürzer. Deshalb regte der Beirat die Einrichtung einer Mittagsbetreuung in der Grundschule an. Über den Pfarrbrief wurde eine geeignete Mutter gefunden, finanzieller Träger ist die Gemeinde. Die Mittagsbetreuerin wurde im nächsten Kindergartenjahr auch Kindergartenbeirätin. Als sie drei Jahre später die Betreuungsstelle für ein Studium aufgeben musste, suchte und fand sie im Kindergartenbeirat eine Nachfolgerin.

Mittagsbetreuung

Durch die vielfältigen gemeinsamen Aktionen wie Spielplatzbau, Weihnachtsmarkt und Mittagsbetreuung, die von der „Kindergartenfamilie" (Erzieherteam, Kindergartenbeirat, Verein) und der politischen Gemeinde durchgeführt wurden, entstand eine breite Basis gegenseitigen Vertrauens. Deshalb trat bei der letzten Kommunalwahl der Bürgermeister an diese „Kindergartenfamilie" mit der Bitte heran, für seine parteifreie Wählergemeinschaft eine Kandidatin zu stellen. Die Wahl dieser Kandidatin zur Gemeinderätin zeigt die sehr gute Einbindung des Kindergartens ins Dorfleben und die positive Resonanz der gesamten Bevölkerung auf den „Offenen Kindergarten".
Wenige Monate später wird von übergeordneter Stelle die Ernennung eines Gemeinderatsmitglieds zum Jugendbeauftragten angeregt. Folgerichtig wählen die Gemeinderäte ihre Kollegin zur Jugendbeauftragten, die durch ihr „Kindergartenvorleben" diesen Interessenkreis ohnehin vertritt und auch die Kompetenz und Fachkenntnisse für diese Aufgabe erworben hat.

Politische Auswirkung

Monika Ruf, Kindergartenbeiratsvorsitzende

Der Kindergarten- und Kinderkulturverein

Das „Offene Astwerk" lebt durch eine große Anzahl von Mitarbeitern und Mitarbeiterinnen und ehrenamtlichen Helferinnen und Helfer. Was bringt nun die einzelnen Personen dazu, sich stunden-, oft tagelang zusammenzusetzen oder auch alleine Vorbereitungen zu treffen oder etwas nachzuarbeiten, um das „Offene Astwerk" weiter wachsen zu lassen und am Leben zu erhalten?
Der Kindergarten bietet allein aufgrund der Tatsache, dass Eltern während der Bring- und Holzeiten andere Eltern treffen und auch mit der Erzieherin sprechen können, eine Möglichkeit des Informationsaustausches.

Durch diese aktuellen Gespräche und auch durch die Möglichkeit im Bedarfsfall mit im Kindergarten zu bleiben, wird eine ganzheitliche Erziehung ermöglicht. Die Situation der Kinder kann dadurch aus verschiedenen Blickwinkeln erfasst werden und man kann sich demzufolge besser auf das Kind einstellen. Beobachtungen der Erzieherinnen und der Eltern, die in die Werteorientierung und die offene Arbeitsweise des Kindergartens eingeführt wurden, führen zu den Bedürfnissen der Kinder und lassen Probleme leichter erkennen. Es geschieht somit ein gemeinsames Handeln zum Wohl des Kindes.
Mit die größte und stärkste Motivation sich für Kinder zu engagieren, ist dann gegeben, wenn das eigene Kind auch „etwas davon hat". Durch das Engagement der Eltern (aus Kindergartenbeirat und Kindergartenverein) entstehen Aktivitäten mit Kindern, die begeistert angegangen werden, wie beispielsweise das mittlerweile schon traditionelle vorösterliche Basteln des Kindergartenbeirats, das für Kinder und Eltern Anregungen vermittelt für kreatives Tun.

Offen für alle Kinder

Der Kindergartenverein hat sich vorgenommen, sich nicht nur für den Kindergartenbereich, sondern für alle Kinder der Gemeinde zu engagieren. Dies geschieht zum Beispiel beim Musiknachmittag oder beim Ferienprogramm, bei dem Kinder jeden Alters angesprochen sind.
Warum? Was haben denn die Schulkinder noch mit dem Kindergarten zu tun? Die sehen doch höchstens auf die Kleinen herab und zeigen, dass sie nichts mehr mit dem Kindergarten zu tun haben wollen! lauten die Einwände. – Als beim Ferienprogramm ein Volkstanz mit Kindern von 4 bis 11 Jahren erprobt wurde, stellten wir fest, dass gerade diese Altersmischung besonders reizvoll war und allen das gemeinsame Tanzen besonders viel Spaß machte.
Folgende Gründe sprechen vor allem für die Öffnung hin zu den Schulkindern:

1. Die Schüler waren selbst Kindergartenkinder und wurden dabei in das Gemeindeleben eingeführt. Dies geschah zum Beispiel durch die Beteiligung an Festen wie dem Sonnwendfeuer, ein mit dem Kindergarten zusammen gestaltetes Kinderfest, gemeinsam mit Senioren verbrachte Nachmittage oder ein Maibaumfest, wo die Integration ins Dorfleben mit einer eigenen Maibaumtafel dokumentiert wurde usw. Warum sollten sie plötzlich nicht mehr dazu gehören?

2. Die größeren Kinder sind häufig auch die älteren Geschwister von Kindergartenkindern. Sie sind über den Kindergartenalltag informiert und schließen das in ihre eigene Erlebniswelt mit ein. Wie eng die Bindung von Zweitklässlern an den Kindergarten noch sein kann, zeigt vielleicht folgende Situation: Der Kindergarten feiert an einem Faschingsdonnerstag einen großen Afrikatag (als Abschluss eines Projektthemas) und beschließt, der Schule einen kurzen Besuch abzustatten, um ein Rätsellied in ein paar Klassen zu singen. Dies stößt in der 1. und 2. Klasse auf große Begeisterung. – Im nächsten Jahr lernt die 2. Klasse in der Faschingszeit einen Gespenstertanz. Da regt eine Schülerin an, diesen Tanz im Kindergarten bei einem Blitzbesuch zu zeigen.
3. Gemeinsames Handeln macht nicht nur Spaß, sondern regt auch zum eigenen engagierten Tun an. So entschlossen sich einige Kinder einen Teil ihrer Kommuniongeldgeschenke dem Partnerschaftswaisenhaus des Kindergartens in Oussouye in Senegal zur Verfügung zu stellen.
4. Wir wollen für die Anliegen der Kinder in der Gemeinde eine Lobby sein. Kinder jeden Alters wünschen sich einen Spiel- und Treffplatz in einem bestimmten Bereich unserer Gemeinde. Als wir uns für ihren Wunsch einsetzen, erfahren wir und unsere Kinder, dass es durchaus mehr engagierte Interessenvertreter der Kinder gibt als nur die Eltern. Auch „Nicht-Eltern“ helfen mit, dass es zu zwei neuen Spielplätzen im Gemeindebereich kommt. Die Kinder merken, sie werden ernst genommen und sie bekommen Unterstützung von Erwachsenen.

Integration und Bestätigung

Die Motivation für engagierte Eltern, etwas zum „Wohl des Kindes“ zu tun, liegt bei uns also nicht darin, dem Kind Angebote zu machen, die es konsumieren kann, sondern hat den Hintergrund, dass das Kind sich in der Gemeinde integrieren und sich zu Hause fühlen kann. Dies regt wieder mehr zu gemeinsamem aktiven Tun an. Im Vorleben von gegenseitigem Verstehen und Helfen, von Rücksichtnahme und Achtung anderer Menschen und dem Einsatz für andere und auch für gemeinsame Ziele erfahren unsere Kinder Lebensperspektiven mit christlichem Grundcharakter sowie Rückhalt und Sicherheit.
Zur Motivation, etwas für „auch die eigenen Kinder“ zu tun, kommen natürlich auch die Freude am Gelingen einer gemeinsamen Aktion und die Anerkennung hinzu, die einem in seiner Umgebung entgegengebracht

wird. Es ist einfach schön, wenn man Kinder trifft, die schon von weitem rufen: „Hallo, Ingrid, wann machen wir wieder mal so was Schönes wie den Musiknachmittag?“

Vielfältiges Engagement

Zu all diesen mehr inneren Beweggründen, sich zu engagieren, müssen auch Anregung und Motivation von außen kommen. Wenn man über aktuelle Gegebenheiten und die Arbeit des Kindergartens informiert ist, für den man sich einzusetzen bereit ist, wird man auch angeregt, sich selbst Gedanken zu machen, sich mit einzubringen und auszutauschen. Dazu ein Beispiel: Der Kindergarten plante vorhandene Kellerräume und Nebenräume, die zum Teil ungenutzt waren oder als Abstellräume fungierten, als zusätzliche Spielräume, als Malatelier oder Rollenspielraum für die Kinder nutzbar zu machen. Als der Kindergartenbeirat davon unterrichtet wurde, beteiligten sich gleich einige mit Ideen und Taten: Eine Bühne wurde gebaut und mit Vorhängen und extra gemalten Kulissen versehen, Handpuppen wurden gestrickt, und eine kleine Theatergruppe bildete sich, die in verschiedensten Techniken Stücke einstudiert (Schattenspiel, Handpuppenspiel usw.).
Als die Erweiterung des Kindergartens notwendig und aktuell wurde, wurden die Eltern nicht nur informiert, sondern konkret in die Planung mit einbezogen. Ebenso wurden Vorhaben für das laufende Kindergartenjahr gemeinsam geplant und abgesprochen. Wie motivierend und fruchtbar eine offene, vernetzte Arbeitsweise ist, zeigt auch folgende Situation: ein musikalisch sehr interessierter und engagierter Vater eines Kindergartenkindes (kein Kindergartenbeirat) macht dem Kindergarten, mit dem er schon mehrfach gerne zusammengearbeitet hatte, den Vorschlag, für die im darauffolgenden Jahr stattfindende Einweihungsfeier ein Singspiel zu schreiben. Während der Baumaßnahmen, die auch mit einer Neugestaltung des Gartens verbunden sind, machen die Kinder sehr viel Naturerfahrungen, beobachten Wachstum von Bäumen, erleben auch Abenteuer in ihrem Indianerdorf und treffen mit Vertretern des Partnerschaftswaisenhauses in Afrika zusammen. Allmählich kristallisiert sich ein Buch der Kinderbuchautorin Marlene Reidel, die mit dem Kindergarten eng verbunden ist, als für die Kinder besonders interessant heraus, weil es die augenblickliche Situation und Erlebniswelt der Kinder stark betrifft (Projektthema). Dem Vater wird der Vorschlag gemacht, dieses Buch von den „Baumhauskindern“ quasi als Libretto für das Singspiel zu verwenden.

Gemeinsam mit Kindergartenkindern entwickelt der Vater musikalische Themen und erarbeitet daraufhin die Musik, zu der Erwachsene und Kinder miteinander singen und tanzen. So entwickelt sich ein Projektthema in der Vernetzung und wird zum gemeinsamen Erlebnis. Die Kulissen und Requisiten werden in Gemeinschaftsarbeit mit den Kindern gestaltet. Mit Unterstützung des Kinderchores unserer Ortschaft werden „Die Baumhauskinder" bei der Einweihungsfeier ein großer Erfolg.
Ich möchte mit diesen Beschreibungen Mut machen, miteinander für die Kinder einzustehen, zur Erweiterung des eigenen Horizonts und zur Erleichterung der gemeinsamen Aufgabe, den Kindern Lebensperspektiven und Stabilität zu vermitteln.

Ingrid Brütting, Kindergartenbeirätin und Vorsitzende des Kindergarten- und Kinderkulturvereins

Öffentlichkeitsarbeit

Wer sich auf seinen Lorbeeren ausruht, trägt sie an der falschen Stelle. Mit dieser fröhlichen Erkenntnis nach Wiener Mundart lässt sich die Weiterentwicklung des Kindergartenvereins vortrefflich charakterisieren. Denn von Ausruhen kann keine Rede sein, dafür sorgen allein schon die Kinder, um die es schließlich geht.

Videofilm

Die Projekte entwickeln sich weiter, bekommen ihre eigene Dynamik. So zum Beispiel der Videofilm über den Kindergarten und seine Arbeit mit dem situationsorientierten Ansatz. Er zeigt und illustriert das Konzept des Kindergartens mit seiner Öffnung nach innen und außen. Im März 1997 wurde er im Rahmen einer Fachtagung für Pädagogik in München zunächst vor fachkundigem Publikum gezeigt und weckte dort großes Interesse. Später wurde er auf lokaler Ebene einer breiteren – sehr interessierten – Öffentlichkeit vorgestellt. Ermöglicht wurde das Medienprojekt mit der Unterstützung des Kindergartenvereins, der vor allem die teure Kamera anschaffte. Inzwischen kann der Videofilm ausgeliehen oder gekauft werden, so dass viele Interessenten sehen können, welche Möglichkeiten die innere und äußere Öffnung eines Kindergartens bieten (s. S. 177).

Kinderkulturarbeit

Aber auch der Verein selbst entwickelte sich weiter. Denn aus den Kindermusiknachmittagen und dem festen Wunsch nach weiteren Veranstaltungen dieser Art wurde klar, welche große Bedeutung diesem Arbeitsbereich zukommt. Dies führte wiederum schließlich und eigentlich ganz selbstverständlich zu einem geänderten Namen für den Kindergartenverein und einer dementsprechend erweiterten Satzung: Wir sind jetzt der „Kindergarten- und Kinderkulturverein Offenes Astwerk". Die Kinderkulturarbeit wurde also – neben Unterstützung des Kindergartens – zum zweiten Standbein des Vereins. Auch das Ferienprogramm für die Kinder gehört hierzu. Die Kurse und Veranstaltungen, also Tanzen, Radeln, Basteln, Zelten etc., wurden anfangs vom Verein allein aufgebaut und durchgeführt. Inzwischen wird das Programm in Zusammenarbeit mit der Gemeinde Tiefenbach organisiert. Auch hier also eine Weiterentwicklung und fast schon Verselbstständigung eines Projekts des Vereins. Für das kommende Jahr ist eine Kinderkulturwoche geplant: denkbar sind Veranstaltungen wie Theater, Tanz, eine Fotoausstellung, Märchen erzählen, Kunstobjekte aus Holz und Metallresten bauen ...

Engagement durch Information

Zu Kindergarten und Schulen in der Gemeinde gehören nicht nur die vielfältigen Aktivitäten eines engagierten Kindergartenbeirates sowie die unterstützende Arbeit des Kindergarten- und Kinderkulturvereins, sondern auch möglichst viele informierte Eltern. Da ergab sich der Ruf nach engagierter Presse- und Öffentlichkeitsarbeit in diesem Teil des Netzwerkes, um regelrechte „Multiplikatoreneffekte" unter den Eltern zu erzeugen: Denn nur so gut wie möglich informierte Eltern werden zu engagierten Eltern.

Kinderlobby und Bündnispartnerschaft

Um jedoch eine quasi anwaltschaftliche Unterstützung der Kinder zu erreichen – aber eben nicht nur durch ihre Eltern, sondern in einem großen Schritt weiter, indem man eine Art „Kinderlobby" auf lokaler Ebene mit entsprechenden Möglichkeiten und Hintergrund schafft – dazu müsste eigentlich ein „Fachbeirat" her: ganz einfach Leute, die sich beruflich oder privat für Kinder jeden Alters engagieren, bei Bedarf „Bündnispartner" in der heimatlichen Umgebung sein können und damit ihre stabile Entwicklung fördern helfen.
Es gibt also noch eine Menge zu tun. Und wer sich hier etwa auf seinen Lorbeeren ausruhen wollte, sollte bedenken ...

Heike Rudloff-Hilbig, Beauftragte für Öffentlichkeitsarbeit des Kindergarten- und Kinderkulturvereins

Der Bürgermeister

Gerade in unserer jetzigen Zeit, in der sich so vieles an Lebenssituationen ändert, in der sich die elekronischen Massenmedien wie eine Lawine ausbreiten und somit, wenn auch ungewollt, gerade für das Leben von Kindern und Jugendlichen weitreichende Auswirkungen mit sich bringen,

ist es von dringender Notwendigkeit, unsere Kinder mit geeigneten pädagogischen Praxisformen zu unterstützen.
Eine wichtige Rolle im Gemeinwesen kommt hierbei dem Kindergarten zu. Sein Bildungs- und Erziehungsauftrag bezieht sich auf eine allseitige Förderung des Kindes, wobei die emotionalen, sozialen, kognitiven und körperlichen Komponenten der Entwicklung gleichermaßen beachtet und ergänzend zueinander in Beziehung gesetzt werden müssen. Eine solche Förderung muss sich an der individuellen Entwicklungs- und Lerngeschichte eines jeden Kindes orientieren und zum Ziel haben, dem Kind bei der gegenwärtigen Lebenssituation zu helfen, ihm die Möglichkeit zu geben und ihm damit auch helfen, künftige Lebenssituationen zu bewältigen. Auf der Grundlage eines solchen Auftrages werden pädagogische Konzeptionen entwickelt, die die individuelle Befindlichkeit des Kindes wie seine konkrete Lebenssituation gleichermaßen zum Ausgangspunkt pädagogischen Handelns macht. Dazu gehört auch, dass Eltern in die Arbeit des Kindergartens einbezogen werden und Erzieherinnen als Gesprächspartner für sie zur Verfügung stehen. Gerade im sogenannten offenen Kindergarten – unserem „Offenen Astwerk" – sehe ich die Möglichkeit, den Kindern zu vielfältigen Erfahrungen zu verhelfen, die Erlebniskräfte des Kindes zu stärken, es zu stabilisieren und ihm Grunderfahrungen zu vermitteln, die es später befähigen, in der Schule und vor allem im späteren Leben sich durchzusetzen.
Von Seiten der Kommunen ist es daher aber auch notwendig, dass im Gemeinwesen kinderfreundliche Bedingungen geschaffen werden. Angefangen vom Kinderspielplatz, Mutter-Kind-Gruppen, der Jugendarbeit in den Vereinen bieten sich hier vielfältige Möglichkeiten, das Leben der Kinder und Jugendlichen mitzugestalten und ihnen somit das notwendige Rüstzeug fürs spätere Leben zu geben.

Georg Schmerbeck, 1. Bürgermeister der Gemeinde Tiefenbach

Erzbischöfliches Baureferat

„Betroffen und beteiligt" – zunächst einmal: ich habe nur versucht, meine Pflicht zu tun, nicht mehr, und umso überraschender ist es, dass ich gebeten wurde, einige Gedanken zu dieser Publikation beizutragen und mein bescheidenes Kerzenlicht in einen Fackelzug viel namhafterer „Vor-Autoren" einzureihen.
Vielleicht lässt sich am Anfang eine Darstellung meiner Arbeitsgrundlage abgeben, eine persönlich gefärbte Beschreibung der Ausgangsbasis mei-

ner „Betroffenheit". Zunächst also: ich bin selbst verheiratet, und unser drittes Kind ist gerade jetzt im Kindergartenalter; eine persönliche Betroffenheit schwingt also sicher mit, wenn ich als Mitarbeiter im Baureferat der Erzdiözese München und Freising seit fast 15 Jahren versuche, unsere Baumaßnahmen an Kindergärten zu finanzieren.

Die (finanzielle) Ausgangslage

Das ist nämlich mein Ausgangspunkt als „Betroffener und Beteiligter": Im Dezember 1989 bestanden im Bereich unserer Erzdiözese 543 Kindertagesstätten in katholischer Trägerschaft. In diesen Einrichtungen gab es 31.900 Kinder (davon rund 5.000 evangelisch und rund 4.000 einer sonstigen Religionsgemeinschaft angehörig), 2.644 katholische, pädagogisch tätige Mitarbeiter/-innen, was zusammen mit dem weiteren Personal insgesamt 3.240 Personen ergibt. Dies verursachte damals alleine für das Personal rund 97 Mio. DM Personalkosten, wovon aus öffentlichen Zuschüssen (je 40 % der Kosten der pädagogischen Mitarbeiter/-innen durch Gemeinden und Staat) ca. 66 Mio. DM erstattet wurden. Dies führte zu einer personellen und finanziellen Notsituation der Erzdiözese, der Bau und Betrieb von Kindergärten konnte nicht mehr in der gewohnten großzügigen Partnerschaft für die Kommunen durchgeführt werden.
1993 – auch das vorausgeschickt – kam dann ein konjunkturell verursachter Einbruch im Kirchensteueraufkommen (die Arbeitslosenquote stieg in Bayern um 20 Prozent!), was für das Baureferat der Erzdiözese einen absoluten Baustopp bedeutete; seit 1994 wird ein strikter Sparkurs vorgegeben (69 Millionen müssen im laufenden Haushaltsjahr der Erzdiözese 1997 eingespart werden) – und jetzt schon wird die Auswirkung der Steuerreform 1999 diskutiert, die unvermeidbar weitere gravierende Auswirkungen auf die Kirchensteuer haben wird.
Gleichlaufend dazu wurde durch Bundesgesetz für 1996 der „Rechtsanspruch auf einen Kindergarten-Platz" festgeschrieben, der die Kommunen verpflichtete, aber gleichzeitig (zur Vermeidung von „Erziehungs-Monopolen"?) nach den landesrechtlichen Bestimmungen durch „freigemeinnützige Träger" erfüllt werden sollte. Nun wird im katholischen Altbayern auch immer zuerst an die katholische Kirche gedacht, wenn es gilt, freigemeinnützige Träger für solche Einrichtungen zu gewinnen: Ist es nicht Aufgabe der Kirchen ethisch-moralische Grundwerte zu vermitteln? Ist es nicht Aufgabe der Kirchen an einer christlichen Erziehung mitzuwirken?

Ist es nicht Aufgabe der Kirchen in einer zunehmend materiell-egoistisch geprägten Gesellschaft vorbildlich zu sein? Und selbst wenn man dies alles ablehnt – ist es nicht auch Aufgabe der Kirchen zumindest aus caritativen Erwägungen heraus Kinder zu betreuen, in einer Gesellschaft, die immer mehr „Erziehende" dazu zwingt, einem Erwerbsleben nachzugehen? Sollten die Kirchen nicht gerade dort, wo es um die schwächsten Glieder unserer Gesellschaft, um die Kinder geht, mit aller Kraft eigenes Engagement zeigen?
Kein Wunder also, dass auch die Erzdiözese München und Freising mit Anträgen auf den Bau vieler zusätzlicher Kindergärten überrollt wurde. Mit welchen finanziellen Ressourcen sollten all diese vielen Baumaßnahmen verwirklicht werden? Schließlich müssen solche Baumaßnahmen finanziert werden, die beauftragten Handwerker wollen zu Recht auch bezahlt sein, und die politischen Gemeinden – auch das ist bekannt – haben selbst erhebliche Finanzprobleme.

Der konkrete Fall

In dieser Situation erreichten uns 1990/1991 die Beschlüsse der Kirchenverwaltung, den Kindergarten in Ast zu erweitern – eine von 543 Einrichtungen, die instand gehalten werden müssen, was schon nicht mehr möglich ist – und dann soll auch noch erweitert werden? Sie werden sich vorstellen können, dass die Antragstellung der Kirchenverwaltung nicht unbedingt große Begeisterung ausgelöst hat.
Ich bitte hier an dieser Stelle zunächst um Verständnis, wenn in den örtlichen Gremien der Eindruck entstand, im Ordinariat würde der Baumaßnahme nicht die gebührende Beachtung gewährt, oder, wie H. Pfarrer Gabrüsch am 15. Mai 1992 (mit deutlich verärgertem Unterton) schrieb: „... Dass unser ‚Projekt Landkindergarten' keinerlei Bedeutung für eine Höhereinstufung auf der ‚Halde der Baumaßnahmen' erhält, scheint uns schwer begreiflich." – Tatsächlich, das ist für den, der das „Projekt Landkindergarten" kennt, schwer begreiflich, und ich kann nur nochmals um Verständnis bitten, auch dafür, dass uns die Kinder in anderen Gemeinden nicht weniger wichtig sein dürfen. Das „Projekt Landkindergarten" hat aber letztendlich für sich selbst geworben.
Anlässlich von Finanzierungsverhandlungen mit dem Bürgermeister der Gemeinde (zäh, aber fair) konnte ich mir auch selbst einen Eindruck von der „Öffnung des Kindergartens" machen, und ich weiß immer noch nicht so recht, wie ich diesen Eindruck beschreiben soll.

Da ist zum Beispiel die Begeisterung der Kinder, die Eigenverantwortung, die unheimliche Vielfalt der Entfaltungsmöglichkeit; jede Ecke im alten Kindergarten war intensiv genutzt, die Kinder haben gebastelt und geschraubt, gesägt und gehämmert – und dabei Kreativität entwickelt, die auch mich als Vater nur noch staunen ließ.
Da ist zum anderen dieses Staunen – ja wie ist das denn mit der Aufsicht, wo doch in unserem Land die Sicherheitsvorschriften immer noch mehr ausgeweitet werden: Kindergartentüren brauchen Schließkanten mit Gummi- oder Kunststofflippendichtung (Fingerquetschgefahr – haben Sie das auch zu Hause?), Umwehrungen sollen Kinder nicht zum Klettern verleiten, und der Boden muss bei Spielgeräten ab 1,00 m Höhe stoßdämpfend sein – z. B. mit Fallschutzplatten versehen (auf wie viele Bäume ohne Fallschutzplatten bin ich als Kind gestiegen?) – und da ist alles irgendwie ganz anders, da gibt es Kinder, die mit Hammer und Nagel umgehen „wie gelernt", und das funktioniert!
Muss ich noch sagen, dass ich sehr schnell für meinen eigenen Sohn zu Hause eine eigene „Werkbank" mit dem entsprechenden Zubehör eingerichtet hatte? Es gibt auch bei mir keine Verletzungen, keine platt geschlagenen Daumen, keine abgesägten Finger (und welche Befürchtungen „man" sich auch sonst so macht), nur meine Materialvorräte sind seither immer sehr knapp.
Dieses „Konzept der Öffnung nach innen" ist ergänzt durch die „Öffnung nach außen" – und hier kommt nun mein Dank an Sie, an die öffentlichen Gremien und vor allem die engagierte Kindergartenleitung: Ihr Konzept des „offenen Kindergartens" überzeugt alle, die sich damit auseinandersetzen. Überzeugt und begeistert sind wohl auch die Vertreter der Kommune um Bürgermeister Schmerbeck – und vielleicht wurden deshalb die „Hürden" bei den Vertragsverhandlungen gemeinsam so viel leichter gelöst als dies anderswo erfolgt.

Erich Sczepanski, Erzbischöfliches Baureferat

Kirche/ Caritas

Im Laufe meiner Tätigkeit als Caritasdirektor konnte ich verschiedene Erfahrungen machen, wie das Leben von jungen Menschen gelingen kann oder auch nicht.
Ziel aller Bemühungen in der Erziehung ist: das Leben eines Kindes auf eine Grundlage zu stellen, die ein glückliches, zufriedenes und sinnvolles

Leben ermöglicht. Diese Grundlage ist letztlich dort zu finden, wo unser aller Leben beginnt, bei Gott.
Gott hat uns durch Moses seinen Namen verkündet: Jahwe = Ich bin da. Eltern und Erzieherinnen sollten wissen, dass Gott immer da ist mit seiner grenzenlosen Liebe bei all unseren Bemühungen. Durch die Menschwerdung seines Sohnes Jesus Christus ist diese Liebe Gottes für uns Menschen sichtbar geworden.
Dort, wo Christus in die Familie aufgenommen wird, herrscht auch die Liebe, die jedes Kind braucht, um körperlich, geistig und seelisch wachsen zu können. Nur durch das gelebte Beispiel können die Kinder zu einem christlichen Leben motiviert werden. Umgekehrt aber steht die Lebenskrise vieler Menschen mit ihrer Familie im Zusammenhang.
Weil die Familien in verschiedenen Krisen stecken, ist es umso wichtiger, dass die Erzieher und Erzieherinnen den Familien Mut machen. Die geheimen Miterzieher können wir zwar nicht ausschalten, aber die erworbenen christlichen Grundlagen in der Kinderzeit sind für das Leben von größter Bedeutung.
„Ich bin bei euch alle Tage bis ans Ende der Welt“ (Mt 28,20). Christus bringt den Menschen die Liebe, er offenbart sie durch sein Leben und vermittelt sie durch sein Gutsein, insbesondere durch die Erfahrung der Vergebung und durch die Erfahrung seiner Nähe. Ich wünsche mir viele gute Erzieher und Erzieherinnen, die durch ihr Leben und Arbeiten die Liebe Gottes aufstrahlen lassen, damit die schöne und große Aufgabe der Erziehung zu einem geglückten und sinnerfüllten Leben gelingen kann.

Prälat Franz X. Ertl, Landes-Caritasdirektor i. R.

Fachakademie für Sozialpädagogik

Das Leben ist immer ein Experiment – so auch alle Pädagogik. Wer sich darauf einlässt, entdeckt zuweilen Goldadern! So erlebte ich die Entwicklung des Kindergartens in Ast in den letzten Jahren. Als ich mich anschickte, diesen Beitrag zu schreiben, fiel mir spontan eine lange Liste von Themen ein, die ich in diesem Zusammenhang bemerkenswert finde. Eine Auswahl der Reihe nach. Zum Beispiel: Ein neues Konzept entsteht. Ideen Einzelner können nicht einfach mit hochgekrempelten Ärmeln mit dem Team und auch nicht mit dem Träger umgesetzt werden. Wie viele gute Ansätze sind durch Hau-ruck-Verfahren schon gescheitert! Gerade diesen Punkt möchte ich all den kreativen und motivierten Erzieherinnen ans Herz legen, mit Team und Träger in geduldiger Auseinandersetzung

den Weg zu gehen, bis ein reifer Konsens erreicht wird. Und genau dies faszinierte mich im Kindergarten von Ast: Man ließ sich dort ein Jahr Zeit für die Auseinandersetzung, um eine möglichst optimale Kindergartenpädagogik zu erarbeiten.
Dazu waren zunächst Analysen der Familiensituation und damit der Lebenswirklichkeit der Kinder im Umfeld des Kindergartens notwendig. Mit dem Rückenwind des kirchlichen Trägers musste die Öffentlichkeit und hier vor allem die Eltern angesprochen und „eingeweiht" werden in die innere und äußere Umgestaltung des Kindergartens. – Pädagogisches Handeln muss von innerer Logik (auch bei paradoxen Strategien) bestimmt sein. Wahrhaftigkeit und Redlichkeit und daraus resultierend die Achtung, der Respekt vor dem Kind, der Familie sind die Grundpfeiler jedes Konzeptes. Die Arbeit im Kindergarten Ast erlebe ich als Verwirklichung eben dieser Übereinstimmung – und damit von Weg und Ziel. Wie oft kann man die Worte hören: „Ja, bei uns geht das alles nicht, die Rahmenbedingungen sind schlecht." Der Kindergarten in Ast ist ein ganz normaler Landkindergarten, musste bis 1995 mit engsten räumlichen Verhältnissen zurechtkommen. So betätigten sich die Erzieherinnen als Pfadfinderinnen im eigenen Haus. Und siehe da, Keller- und Abstellräume wurden entdeckt – und entrümpelt. (Für das Material wurden Hängeschränke im Flur angebracht!) Ein Malatelier, eine Bewegungsbaustelle, eine Werkstatt, ein Musikzimmer, ein Matschraum im Eingangsbereich, eine Bibliothek entstand. Regeln für die einzelnen Bereiche wurden mit den Kindern erarbeitet, aufgezeichnet und auch für die Eltern sichtbar erläutert. Es erfreut jedes Pädagogenherz, die Kinder in diesem Kindergarten zu beobachten, mit welcher Souveränität und Freude sie am Werk sind, sich frei im Haus bewegen und erfahren dürfen, dass ihre Bedürfnisse, sensibel abgeschaut, den Tagesablauf bestimmen.
Eine Kindergartenmutter berichtete, dass sie es wagte, ihre kleine, sehr schüchterne Tochter doch in diesen Kindergarten zu geben. Eigentlich hatte sie sehr große Bedenken. Sie konnte es kaum glauben, wie dieses kleine Mädchen, behutsam von der Erzieherin geführt, in kurzer Zeit das Haus eroberte und sich selbstbewusst in die Gruppe integrierte.
Auf der Basis von Vertrauen und Selbstverantwortung regeln die Kinder hier ihren Spieltag. Aufsicht und Kontrolle sind fremde Vokabeln, doch Beobachtung und Wahrnehmung der Kinder durch die Erzieherinnen sind gelebte pädagogische Arbeit.

Was mich noch beeindruckte? Kinder sind gute Architekten. Ihre ungebremste Phantasie konnten sie für die Neugestaltung des Gartens zu Papier bringen. Schließlich fuhr eine Kinderabordnung mit der Leiterin und dem Architekten zusammen nach München zum Geldgeber. – Ungewöhnliche Unternehmungen, mutig angegangen, haben ihre Überraschungseffekte: Weitgehend konnten die Kinderwünsche erfüllt werden!
Ganz besonders in Erinnerung wird ein Besuch im Kindergarten Ast mit drei ungarischen Dozenten einer pädagogischen Hochschule bleiben. Die Reaktion unserer Gäste auf das Gesehene und Erlebte übertraf alle Erwartungen. Der Kontrast zu pädagogischen Vorstellungen und Handlungsweisen zwischen hier und dort war gewaltig und regte zu einer „Neuorientierung“ im eigenen Umfeld an.
Von Herzen möchte ich der mutigen Leiterin und ihrem Team danken für ihre beispielgebende Arbeit, für die intensive und konsequente Weiterentwicklung am Konzept, das dem Erzieher- und Berufsbild in überzeugender Weise dient.

Waltraut Perfahl, Dozentin an der Fachakademie für Sozialpädagogik, München

Aus rechtlicher Sicht

„Ein offener Kindergarten, ist das nicht gefährlich? Verträgt sich das denn mit der Aufsichtspflicht?“
Diese bange Frage höre ich öfter. Die Bedenken sind aber grundlos: Der Kindergarten bekommt von den Eltern neben der Aufsichtspflicht doch auch die Erziehung im Rahmen seiner gesetzlichen Aufgaben und Ziele übertragen. Beide – Erziehung und Aufsichtspflicht – haben den gleichen Rang. Die Aufsichtspflicht verlangt vom Kindergarten nicht, dass er gegen in unserer Gesellschaft anerkannte pädagogische Grundsätze und Ziele handelt. Die Erziehung zur Selbstständigkeit ist ein solches Ziel. § 22 Abs. 1 des Kinder- und Jugendhilfegesetzes formuliert das so: „In Kindergärten ... soll die Entwicklung des Kindes zu einer eigenverantwortlichen und gemeinschaftsfähigen Persönlichkeit gefördert werden“. Dabei ist nach § 9 Nr. 2 des gleichen Gesetzes die wachsende Fähigkeit und das wachsende Bedürfnis des Kindes zu selbstständigem und verantwortungsbewusstem Handeln zu berücksichtigen. Aus diesen Vorschriften, die aus jüngster Zeit stammen, sowie aus der pädagogischen Erwägung heraus, dass Kinder nur dann lernen können, Risiken und Gefahren zu bewältigen, wenn sie auch erfahren haben, mit diesen umzugehen,

ergibt sich, dass ein relativ weiter Spielraum besteht, der es im Einzelfall auch zulässt, pädagogische Gesichtspunkte und Sicherheitsaspekte gegeneinander abzuwägen. Deshalb lässt sich folgender Satz formulieren, der den scheinbaren Widerspruch zwischen Erziehungsauftrag und den Anforderungen der Aufsichtspflicht auflöst:
Was pädagogisch nachvollziehbar begründet ist (d. h. von den Erziehungszielen her gerechtfertigt und zugleich die Sicherheitsinteressen des Kindes und anderer mit berücksichtigt), kann keine Aufsichtspflichtverletzung sein. Damit kommt der pädagogischen Begründung ausschlaggebende Bedeutung zu.

Ein Urteil des Oberlandesgerichts Düsseldorf vom 12. 10. 1995 (Aktenzeichen: 18 U 225/94) bestätigt das. Es heißt dort zusammengefasst, dass es keine Verletzung der Aufsichtspflicht darstellt, wenn die Bediensteten eines Kindergartens die Kinder nicht ständig derart beobachten und unter Kontrolle halten, dass ihnen das „Verdrücken" ins Gebüsch, Aufsammeln von Steinen und Bewerfen eines Autos unmöglich gemacht wird. Eine ständige Überwachung auf Schritt und Tritt ist auch bei Kindern im Kindergartenalter nicht erforderlich. Das Maß der Aufsicht muss mit dem Erziehungsziel, die wachsende Fähigkeit und das wachsende Bedürfnis des Kindes zum selbstständigen, verantwortungsbewussten Handeln einzuüben, in Einklang gebracht werden. Dieser erwünschten Persönlichkeitsentwicklung wäre eine dauernde Überwachung hinderlich; deshalb dürfen und müssen Kindern in diesem Alter im Rahmen einer verantwortlichen Erziehung auch Freiräume eingeräumt werden, bei denen ein sofortiges Eingreifen des Aufsichtspflichtigen nicht möglich ist.

Vor diesem Hintergrund ist grundsätzlich rechtlich nichts dagegen einzuwenden, dass sich im Kindergarten Ast einige Kinder ohne Aufsicht in der „Werkstatt der Kinder" oder im Garten aufhalten. Man wird schon aus pädagogischen Gründen sie mit den Regeln, die in Ast an den Wänden der Funktionsräume hängen, vertraut machen und nicht gerade die Kinder allein lassen, die zu besonders gefährlichen Streichen neigen oder sich sonstwie auffällig zeigen. Im Ergebnis kann man also sagen, dass die Aufsichtspflicht nicht gegen einen offenen Kindergarten spricht.

Prof. Simon Hundmeyer

Der Kindergarten St. Georg in Ast hat sich als sein Zeichen einen Baum gewählt – in mehrfacher Sicht ein sehr schönes und treffendes Bild: Der Baum, der Laub trägt und verliert, erinnert uns an das Werden und Vergehen. Mit seinen Wurzeln greift der Baum tief in das Erdreich, um Lebenskraft zu gewinnen. Mit der Zahl seiner Jahresringe wachsen das Alter und die Stärke eines Baumes. Ein einzelner Baum ist dem Wetter schutzlos ausgesetzt, eine Baumgruppe jedoch gibt mit einem schützenden und bergenden Dach Halt und Geborgenheit.

Der Baum mit seinen Wurzeln, seinem Stamm und seinem Astwerk steht als Sinnbild des menschlichen Lebens. Besonders anschaulich weist er auf die Bedeutung der frühen Lebensjahre hin, in denen die zarten Wurzeln noch ihren Weg suchen und der Stamm noch biegsam ist.

Es bedarf der vertrauten Atmosphäre in der Familie, im Kindergarten und in der Grundschule, um den Kindern Geborgenheit zum Wachsen und Entfalten zu geben, so dass sie ein gesundes Selbstbewusstsein und ein positives Lebensgefühl entwickeln können. Durch die grundlegenden Erfahrungen und Erlebnisse in der Kindheit, die Halt und Orientierung geben, wird die Persönlichkeit des einzelnen Kindes geprägt und die Art des menschlichen Zusammenlebens bestimmt. Dieser Gedanke ist nicht neu, gewinnt aber gerade in der heutigen Zeit, die über einen Verlust an Orientierung und Gemeinsinn klagt, zentrale Bedeutung. Insbesondere die Erzieherinnen und Erzieher in der Familie, im Kindergarten und in der Grundschule müssen sich die Sinnfrage stellen, müssen die Suche nach Orientierung, nach sozialem Halt und emotionaler Wärme als elementare Grundbedürfnisse der Heranwachsenden anerkennen.

Dieses Anliegen setzt eine vertrauensvolle Zusammenarbeit von Elternhaus, Kindergarten und Grundschule voraus. Eltern und Pädagogen/-innen müssen die notwendige Kontinuität im Erziehungsprozess sowie die gemeinsam getragene Verantwortung neu erkennen. Damit bereiten sie den Boden für die ganzheitliche Persönlichkeitsentwicklung jedes einzelnen Kindes wie für den Aufbau eines werteorientierten Sozialverhaltens, das der ganzen Gesellschaft zugute kommt.

Nicht nur auf die Verwurzelung unserer Kinder, sondern auch auf die Verflechtungen und Beziehungen der Erziehung in der Gesamtgesellschaft – auf das Astwerk – müssen wir in der heutigen Zeit die Aufmerksamkeit richten. Unsere Gesellschaft stellt zwar sehr hohe Anforderungen an die Schule, übersieht jedoch zu oft die gesamtgesellschaftliche Verantwor-

tung und die notwendige Unterstützung, auf die alle Erziehung und Bildung angewiesen ist.
Ich möchte allen Eltern, allen Erzieherinnen und Erziehern, allen Lehrerinnen und Lehrern Mut machen, das Gespräch über die Werte in der Erziehung aufzunehmen, Anstöße zu einer sinnvollen und wertorientierten Haltung zu geben und durch eigenes Vorleben diesem Ziel zum Durchbruch zu verhelfen.

Hans Zehetmair, Bayerischer Staatsminister
für Unterricht, Kultus, Wissenschaft und Kunst

Ausblick

Was hat das Autorenteam selbst auf diesem Weg gelernt?
Gewiss hinterlässt ein solches gemeinsames „Unternehmen“ Eindrücke und vermittelt bisher nicht gekannte Zugänge für die persönliche Praxis und für die eigene Professionalität. Da gibt es dann auch die eine oder andere „Situation“, die neue Einsichten eröffnet und neue, bisher nicht gekannte Fragen stellt. Lässt sich dazu abschließend noch etwas im Namen aller Beteiligten sagen?
Sicherlich ist die Praxis vor Ort häufig gewinnender, „aufregender“ und anregender als jede fachwissenschaftliche Erörterung. Diese Erfahrung schließt jedoch die professionelle Einsicht nicht aus, dass sich Praktikerinnen und Praktiker gelegentlich einmal selbst die Mühe machen sollten, ihr eigenes pädagogisches Handeln fachlich zu reflektieren – ist es doch wichtig zu wissen, was geschieht und was ich tue oder was ich durch mein Tun bewirke. Dabei fällt es am Ende schwer, anderen zu sagen, was anstrengender ist: die oft zitierte „Praxis“ oder die häufig gemiedene „Theorie“.
Immer wieder, während des gesamten gemeinsamen „Lernprozesses“, gab es mahnende Stimmen, die meinten, das Ganze sei für die angesprochenen Partnerinnen und Partner „zu schwer“. Das Autorenteam konnte solchen Erwägungen durchaus zustimmen, erkannte andererseits darin aber auch, wie heute immer noch Verantwortliche und Tätige im Kindergartenbereich fachlich eingeschätzt werden. Diese Einschätzung tat weh, und das Team gewann die Einsicht, dass solche „Anmahnungen“, wenn sie schon stimmen sollten, besonders die Gruppe der Erzieherinnen in ihrer fachlichen Kompetenz und in ihrem Engagement eher entmutigen als fördern.
Die Erkenntnis, dass der situationsorientierte Ansatz auch für andere fachwissenschaftliche Ansätze bemerkenswert ist, führt zu der Frage, warum ein solches „Denken in Situationen“ bisher nur im Kindergartenbereich und nicht auf anderen pädagogischen Feldern, etwa in der Erwachsenenbildung oder in der beruflichen Aus- und Fortbildung, gezielt erprobt werden? Hier gibt es zwar erste Ansätze, doch wirksam werden sie bisher nur spärlich.

Bei den Gesprächen im Autorenteam wurde immer wieder deutlich, dass die Frage nach der Werteorientierung entscheidend an der Einschätzung eines situationsorientierten Handelns im frühpädagogischen Bereich beteiligt ist. Sicherlich besteht in dieser Hinsicht auch von Seiten des situationsorientierten Ansatzes selbst ein Nachholbedarf. Andererseits erwecken die Auseinandersetzungen um diesen Punkt den Eindruck, als gehe es angesichts dieser Frage um die Übernahme eines ethischen „Systems". Eine solche Sichtweise ist – aufgrund der praktischen Erfahrungen und der fachlichen Einsichten des Autorenteams – deshalb zu kurz, weil dabei immer nur inhaltliche Fragen einer Wertevermittlung angesprochen werden statt die Frage nach einer Umorientierung der pädagogischen Werterfahrung zu stellen. Je „offener" der Kindergarten zukünftig sein will, je mehr sich kirchliche Träger um die Eigenart ihres Engagements im frühpädagogischen Bereich sorgen, umso drängender stellt sich die Frage nach einer gewandelten Werteerfahrung heute überhaupt. Doch eine Antwort auf diese Frage kann wohl kaum einem „situationsorientierten", also pädagogischen Ansatz alleine angetragen werden. Auch das war eine Einsicht aller Beteiligten auf dem gemeinsamen Weg.

Hinweis:
Bei der Nennung von Berufsbezeichnungen u. Ä. wurde aus Gründen der besseren Lesbarkeit in der Regel auf eine Aufteilung in die männliche und weibliche Version verzichtet und überwiegend die weibliche Form gewählt. Selbstverständlich sind beide Geschlechter angesprochen.

„Lebensnahes Lernen und Entwickeln in Kindergarten" – Ein Video

Der 48-minütige Videofilm, der in zweijähriger Arbeit entstanden ist, stellt die Einrichtung „Offenes Astwerk" vor und zeigt die über Jahre entwickelte Öffnung des Kindergartens nach innen und außen.
Informationen zu diesem Film, den Interessierte ausleihen oder kaufen können, bei:

Frau Heidi Simon
Kindergarten St. Georg, Ast
Schulstr. 2
84184 Tiefenbach
Telefon 0 87 09/8 69
Telefax 0 87 09/9 53 08 (Pfarrbüro)

Für die Unterstützung bei der Modelleinrichtung unseres Kindergartens St. Georg danken wir sehr herzlich:

ANTON NITZL
HOLZVERARBEITUNG
Kindergarten-Einrichtungen
Holzspielwaren, Balkonbau, Holzzäune

Gütersdorf 6
84184 Tiefenbach
Telefon 0 87 06/94 10 50
Telefax 0 87 06/94 10 52

Aus der Praxis für die Praxis

Regula Eissing
Der spielzeugfreie Kindergarten
Pädagogische Grundlagen und praktische Anregungen

Ohne Spielzeug im Kindergarten – wie geht das? Durch einen Überfluss an Spielzeug werden die Kinder häufig zu einem Konsumverhalten erzogen, das die Freude an der eigenen Kreativität lähmt. Dieses informative Handbuch erläutert den vielfachen pädagogischen Nutzen und die praktische Umsetzung des neuen Konzepts vom Kindergarten ohne Spielzeug.

90 Seiten, Grafiken und Fotos, kartoniert, ISBN 3-7698-0897-5

Ingeborg Becker-Textor
Der Dialog mit den Eltern

Sinnvolle Elternarbeit zugunsten des Kindes erfordert gegenseitige Offenheit: Einblick gewähren in Ziele und Methoden der Arbeit im Kindergarten und Hort, aber auch in den Alltag des Kindes in Familie und Elternhaus. Mit hervorragenden praktischen Anregungen für eine gelungene Eltern-Kommunikation.

72 Seiten, zahlreiche Kinderzeichnungen, kartoniert, ISBN 3-7698-0691-3

Reihe: Die Kindertagesstätte

Maria Dübjohann
Ich leite einen Kindergarten

Leiterinnen haben neben den pädagogisch-konzeptionellen auch wichtige Führungsaufgaben zu übernehmen. Das Buch vermittelt Klarheit und Sicherheit bei der Ausübung dieser Funktion. Es hilft unnötigen Stress zu vermeiden und stärkt die Freude am Beruf, die Identität und das Profil der Leiterin.

108 Seiten, Schaubilder und Zeichnungen, kartoniert, ISBN 3-7698-0797-9

Maria Dübjohann
Kompetenz durch Supervision

Das Selbstverständnis der Erzieherin hat sich in den letzten Jahren stark verändert. Supervision birgt die Chance, Rollenprobleme im Umgang mit Kindern, Eltern, Mitarbeiter/-innen und Vorgesetzten zu klären und die eigene Handlungskompetenz und die Berufsidentität als Fachfrau für Erziehung zu stärken.

72 Seiten, Schaubilder und Zeichnungen, kartoniert, ISBN 3-7698-722-7

Ein Kindergarten ist keine Insel ...

Caritasverband der Erzdiözese München und Freising e.V. (Hrsg.)
Pädagogik in Bewegung
Theorie und Praxis situations-orientierter Pädagogik

Dieses Buch gibt einen fundierten Einblick in die theoretische Entwicklung und die praktische Umsetzung situations-orientierter Ansätze, in die Reggio-Pädagogik und die erlebnisorientierte ökologische Pädagogik – eine qualifizierte Antwort auf die aktuellen Herausforderungen bei der Entwicklungsbegleitung von Kindern und Jugendlichen. Mit Beiträgen u. a. von Armin Krenz, Roswitha Raue und Heidi Colberg-Schrader.

138 Seiten, Grafiken und Fotos, kartoniert,
ISBN 3-7668-1045-7

Caritasverband der Erzdiözese München und Freising e.V. (Hrsg.)
Kommunikation von Non-Profit-Organisationen

Gelungene Kommunikation ist auch für Non-Profit-Organisationen unverzichtbar. Experten aus Sozialpolitik, Wissenschaft und Praxis beleuchten die Kommunikationsprozesse sozialwissenschaftlicher Organisationen: Sie thematisieren Strategien der Öffentlichkeitsarbeit, der Corporate Identity, des Sozialmarketings und des Fundraising und geben vielfältige Anregungen, die Kommunikation in sozialen Einrichtungen zu effektivieren.

78 Seiten, Grafiken und Fotos, kartoniert,
ISBN 3-7698-1054-6